경조오부도
이 지도는 1861년 김정호가 그린 경조오부도란다. 가운데 동그란 부분이 바로 당시의 한양이지. 우리가 가 보고자 하는 궁궐이 그 안에 자리하고 있단다.

지은이 황은주

한국방송작가협회 회원으로, 한국방송대학 TV 강좌를 구성하고 있으며, 북부교육청 중등 상담교사로 활동하고 있습니다.
KBS 제2라디오 〈안녕하세요, 김흥신 김수미입니다〉〈재미있는 동물의 세계〉 등의 글을 썼고,
어린이책 《왕과 함께 펼쳐 보는 조선의 다섯 궁궐》《봄, 여름, 가을, 겨울을 그림으로 만나는 계절도감》
《소년, 조선의 하늘을 보다》《뭐, 돌멩이가 보물이라고?》 등을 펴냈습니다.

그린이 양은정

일러스트레이터 그룹 '느낌더하기'에서 활동하고 있으며, 단체전 '픽쳐북 일러스트레이션 동화작가 99인전'에 참여했습니다.
그동안 그린 책으로 《벼락 맞고 태도 고친 아이 이태동》《선생님의 연애 코치》《종묘에서 만난 조선왕 이야기》
《내 맘대로 일기》《한국사를 이끈 리더 2 : 삼국의 발전과 경쟁》《한국사를 이끈 리더 4 : 고려의 성립과 발전》 등이 있습니다.

감수 허균

홍익대학교와 동 대학원에서 한국미술사를 공부했습니다. 우리문화연구원장, 문화재청 문화재전문위원, 한국정신문화연구원의
책임연구원을 지냈습니다. 《한국의 서원》《옛 그림에서 정치를 걷다》《옛그림을 보는 법》《궁궐 장식》《서울의 고궁 산책》
《한국 전통 건축 장식의 비밀》 등을 펴냈으며, 어린이책으로는 《왜 창경궁에 동물원이 생겼을까?》《하루에 돌아보는 우리 궁궐》
《종묘 : 조선 500년 왕과 왕비의 넋이 깃들어 있는 사당》《창덕궁 : 자연을 담은 궁궐 속으로》 등이 있습니다.

왕과 함께 펼쳐 보는
조선의 다섯 궁궐

초판 1쇄 발행 2012년 7월 25일
개정판 1쇄 발행 2020년 3월 2일
개정판 5쇄 발행 2024년 5월 27일

지은이 황은주 **그린이** 양은정 **감수** 허균

펴낸이 윤상열 **기획편집** 최은영 김민정 **표지디자인** 맥코웰 **본문디자인** 최미순 **마케팅** 윤선미 **경영관리** 김미홍
펴낸곳 도서출판 그린북 **출판등록** 1995년 1월 4일(제10-1086호) **주소** 서울 마포구 방울내로11길 23 두영빌딩 302호
전화 02-323-8030~1 **팩스** 02-323-8797 **블로그** greenbook.co.kr **이메일** gbook01@naver.com

ⓒ 황은주 2012

이 책의 저작권은 저자와 출판사에게 있습니다.
서면에 의한 저자와 출판사의 허락 없이 내용의 일부를 인용하거나 발췌하는 것을 금합니다.

ISBN 978-89-5588-941-3 74910
ISBN 978-89-5588-938-3 (세트)

* 잘못된 책은 구입하신 곳에서 바꾸어 드립니다.
* 이 도서의 국립중앙도서관 출판예정도서목록(CIP)은 서지정보유통지원시스템 홈페이지(http://seoji.nl.go.kr)와
  국가자료공동목록 구축시스템(http://kolis-net.nl.go.kr)에서 이용하실 수 있습니다.(CIP제어번호 : CIP2020005374)

어린이제품안전특별법에 의한 표시
품명 어린이 도서 **제조국** 대한민국 **사용연령** 8세 이상 **주의사항** 책 모서리에 다치지 않도록 주의하세요.

한장한장 우리역사

왕과 함께 펼쳐 보는

조선의 다섯 궁궐

황은주 글 양은정 그림 허균 감수

그린북

차례

조선의 궁궐에 가기 전에 8

경복궁

경복궁 큰 복을 누리며 번성하기를 바란 궁궐 10
경복궁의 건물 일하는 곳은 앞쪽에, 휴식 공간은 뒤쪽에 12
경복궁에서는 어떤 일이 있었을까? 14
육조거리 이야기 모든 나랏일은 여기에서! 16
한 발 한 발 찾아가는 경복궁 18

창덕궁

창덕궁 왕들에게 가장 사랑받은 궁궐 20
창덕궁의 건물 자연을 거스르지 않고 불규칙하게! 22
창덕궁에서는 어떤 일이 있었을까? 24
후원 이야기 자연의 모습을 그대로! 26
한 발 한 발 찾아가는 창덕궁 28

창경궁

창경궁 왕실의 효심을 담은 궁궐 30
창경궁의 건물 동쪽으로 놓이다 32
창경궁에서는 어떤 일이 있었을까? 34
창경원 이야기 궁궐에서 공원으로 바뀌다 36
한 발 한 발 찾아가는 창경궁 38

덕수궁

덕수궁 새로운 나라를 꿈꾸며 꾸민 궁궐 40
덕수궁의 건물 전통 건축과 서양식 건축이 한곳에! 42
덕수궁에서는 어떤 일이 있었을까? 44
대한제국 이야기 황제의 나라로 선포하노라! 46
한 발 한 발 찾아가는 덕수궁 48

경희궁

경희궁 위풍당당했던 조선의 3대 궁궐 50
경희궁의 건물 웅장했던 모습은 어디로? 52
경희궁에서는 어떤 일이 있었을까? 54
경희궁 이야기 뿔뿔이 흩어지고 사라지고! 56
한 발 한 발 찾아가는 경희궁 58

역사가 살아 숨쉬는 우리 궁궐 60

조선의 궁궐에 가기 전에

자, 그럼 궁궐을 한 곳 한 곳 찾아가 보자. 그런데 궁궐을 돌아보기 전에 꼭 가 보아야 할 곳이 있어. 바로 종묘와 사직단이란다. 그게 뭐냐고?

조선은 처음 문을 열었을 때 통치 이념으로 유교를 내세웠어. 유교는 효를 중요하게 생각해서 부모님께는 물론이고 돌아가신 조상들에게도 효를 다했지. 이렇듯 조상에게 효를 다하기 위해 만든 것이 종묘야. 종묘는 역대 왕과 왕비의 신주*를 모셔 놓고 제사를 지냈던 곳이란다.

사직단은 조선의 경제와 관련이 있어. 경복궁 서쪽에 세운 사직단은 토지와 곡식의 신에게 제사를 올리던 곳이야. 조선 시대는 농업이 기본이었기 때문에 토지와 곡식의 신을 아주 중요하게 여겼지. 그래서 종묘와 사직단은 임금이 사는 궁궐만큼이나 중요한 공간이었단다.

*신주 : 돌아가신 분의 이름을 적은 작은 나무패를 말해. 돌아가신 분의 혼이 신주에 깃들어 있다고 생각했기 때문에 제사상을 차릴 때 향을 피우면 돌아가신 분이 현세로 잠시 온다고 생각했어.

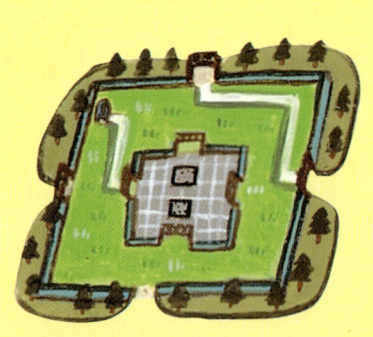

사직단
사직은 토지의 신인 사(社)와 곡식의 신인 직(稷)이 합쳐진 말로, 사직단은 이 두 신에게 제사를 지내던 곳이야. 현재 종로구에 있는 사직단은 일제 강점기 때 거의 훼손되었어. 일본은 사직단 주변에 순환도로, 정자, 벤치 등을 설치해 공원으로 만들었지. 하지만 일부 모습을 확인할 수 있으니 한번 찾아가 보렴!

종묘와 사직단은 국가의 중요한 일을 관장하는 곳이었기 때문에 왕이 쉽게 가 볼 수 있도록 궁궐 가까이에 두었어. 경복궁을 중심으로 종묘는 동쪽에, 사직단은 서쪽에 두었단다.

경복궁

큰 복을 누리며 번성하기를 바란 궁궐

첫 번째로 가 볼 궁궐은 경복궁이야.

경복궁은 한양으로 도읍을 정한 후 태조 이성계가 만든 궁궐이었어. 1년에 걸쳐 만들어진 경복궁은 규모가 390여 칸으로 아주 소박했지. 한양으로 도읍을 옮기면서 급하게 궁궐이 필요했기 때문에 소박하게 지을 수밖에 없었어. 그러다 차차 시간이 지나면서 후대 왕들이 금천도 만들고, 경회루도 짓는 등 경복궁을 더 위엄 있는 궁궐로 만들었어.

하지만 경복궁은 시간이 흐르는 동안 여러 차례 시련을 겪었어. 그 중에서 가장 큰 시련은 임진왜란 때 일어난 큰 화재였어. 이 불로 경복궁의 많은 부분이 불타 버렸고, 그 후 270년이 넘는 세월 동안 다시 복원되지 못했어. 엄청난 사람들과 돈이 들어가는 중건 사업은 결코 쉬운 일이 아니었거든.

그러다 고종 때 흥선 대원군이 다시 지어 제 모습을 찾았어. 그런데 일제 강점기를 거치면서 경복궁의 많은 부분이 훼손당하고 말아.

지금은 원래의 모습을 복원하려고 한창 공사중이란다. 그럼 먼저 경복궁의 상징이라고 할 수 있는 근정전을 살펴볼까?

부지런하게 나랏일을 보는 곳, 근정전

근정전을 보고 있으면 궁궐로서 갖춰야 할 위엄이 느껴져. 조선 제일의 법궁인 경복궁의 정전(왕이 조회를 하던 건물)답게 2단의 월대 위에 2층처럼 보이는 건물이 웅장하게 서 있거든. 그런데 근정전은 밖에서 보면 이층 건물처럼 보이지만 사실 1층 건물이야. 천장을 높게 설치했기 때문에 이층처럼 보인단다. 근정전이라는 이름에는 '이 세상 모든 일은 부지런해야 하며, 왕도 부지런해야 백성을 잘 다스릴 수 있다.'는 뜻을 담고 있어. 근정전에서는 왕의 즉위식이나 결혼식, 외국 사신을 맞이하는 행사 등 나라의 중요한 행사를 치렀어.

임진왜란으로 불타 버릴 때까지 경복궁은 조선 왕조 제일의 법궁이었어. 법궁이란 왕이 실제 살고 있는 궁궐을 말해.

근정전 수호동물상
근정전 월대의 각 모서리에는 12지신 동물과 상상 속 동물상이 서 있단다.(좀 더 자세한 내용은 19쪽을 봐.)

쇠고리
박석 바닥에는 군데 군데 쇠고리가 달려 있어. 햇빛을 가리거나 비를 막기 위해 천막을 칠 때 사용한 거야. 천막을 치고 여기에 고정시켰지.

박석
근정전 앞마당, 즉 조정에 박혀 있는 돌이야. 이 박석은 다듬지 않고 자연스럽게 깎아서 깔았지.

품계석
관리들의 관직을 직급별로 새겨 놓은 돌이야. 조회를 하거나 큰 행사를 할 때, 관리들은 자기 관직에 맞는 품계석 뒤에 섰단다.

잡상
궁궐 지붕 위 조각들을 이르는 말로, 잡상은 건물에 사는 사람을 보호하는 수호신 역할을 해. 잡상의 개수는 건물에 따라 다른데, 근정전에는 7개, 경회루는 11개가 있어.

현판(편액)
건물의 문 위나 벽에 건물의 이름을 적어 놓은 액자를 말해.

용마루
건물 지붕 중앙에 있는 가장 높은 수평 마루로 서까래의 받침이 되는 부분이야.

처마의 단청

향로
발이 세 개 달린 향로야. 중요한 행사가 있을 때 왕이 어좌에 오르면 이곳에 향을 피웠어.

드므
옛날 건물은 거의 나무로 되어 있어서 화재 위험이 많았어. 그래서 드므에 물을 담아 두었어. 이 물로 불을 끄지는 못하겠지만 불귀신이 드므에 비친 제 모습을 보고 놀라서 도망가게 하려고 만들었다고 해.

월대
건물을 받치고 있는 가장 밑을 기단이라고 하는데, 이 기단이 건물보다 앞쪽으로 나와서 무대와 같은 역할을 하는 것이 월대야. 월대가 있는 건물은 그 건물에 중요한 인물이 있다는 것을 의미해.

답도의 판석
답도는 왕이 지나가는 길이야. 그 중앙에는 봉황이 새겨진 넓적한 돌 판석이 있어. 봉황은 평화로운 세상에 나타난다는 상상 속의 동물로, 왕이 나라를 평화롭게 다스리라는 뜻에서 새겨 놓았지.

어도와 신도
조정의 가운데 부분은 약간 솟아 있는데, 바로 왕과 신하들이 다니던 길이었어. 가운데 길은 왕이 다니는 어도이고, 양 옆은 신하들이 다니는 신도지. 오른쪽으로는 문관, 왼쪽으로는 무관이 다녔어.

경복궁의 건물

일하는 곳은 앞쪽에, 휴식 공간은 뒤쪽에

경복궁 근정전의 장엄한 모습을 봤으니 이제는 경복궁에 어떤 건물들이 있는지 자세히 알아볼까?

경복궁은 예전부터 전해오는 도성 건물 배치의 기본 원칙에 맞게 지어졌어. 바로 일하는 곳은 앞쪽에, 휴식 공간은 뒤쪽에 세우는 거야. 그래서 나라의 큰 행사를 치를 때 사용하는 정전(근정전)과 왕의 사무실인 편전(사정전) 등은 앞부분에 있고, 왕과 왕비의 생활 공간인 침전과 휴식 공간인 후원은 뒷부분에 자리잡고 있단다.

그런데 지금 경복궁에는 궐내각사*가 없어. 유일하게 남은 것은 수정전뿐이지. 수정전에서 경복궁의 서문인 영추문 사이에 넓은 공간이 있는데, 이곳에 내의원, 소주방, 승정원 등과 같은 궐내각사가 있었어. 일제 강점기 때 이곳에 있던 건물들을 다 헐고 잔디를 깔아 버렸지. 다행히 경복궁의 예전 모습을 찾기 위해 노력하고 있으니 언젠가 제 모습을 찾게 될 경복궁을 한번 기대해 보자꾸나.

*궐내각사 : 왕실과 관련이 있는 관청들로 궁궐 안에 있는 것을 궐내각사라고 해.

> 군데 군데 비어 있는 부분이 많구나! 저 곳에 원래는 여러 건물이 있었단다. 특히 근정전 서쪽에 있던 궐내각사들은 지금 거의 사라지고 없어.

❽ **수정전**
궐내각사의 한 곳으로, 세종 때는 집현전으로 쓰였어. 한글 창제의 산실이었지. 그러다가 세조 때 왕의 명령을 기록하던 예문관으로, 고종 때 수정전으로 이름을 바꾸었어.

영추문

❿ **영제교**
조선의 궁에는 정문을 지난 곳에 작은 내가 가르지르며 흘러. 그 위에는 다리가 놓여 있지. 이 작은 내를 금천이라고 하는데, 금천은 궁궐로 들어오는 나쁜 기운이나 잡귀를 막아 주는 역할을 해. 경복궁 금천 위의 다리는 영제교라고 해.

국립고궁박물관

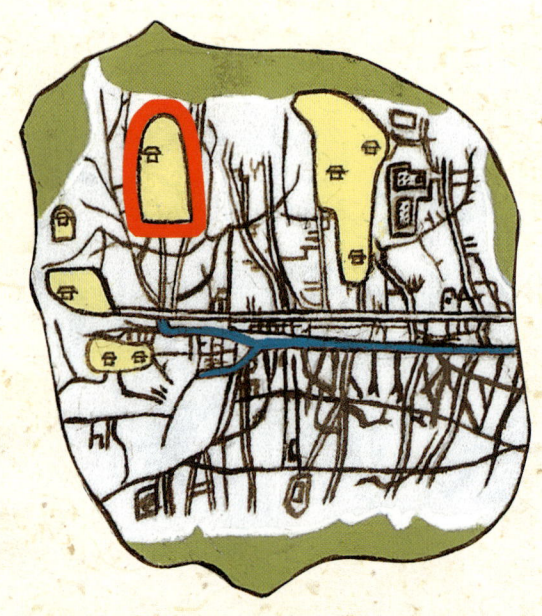

광화문
경복궁으로 들어가는 정문이야. 돌을 쌓아 세 개의 무지개 문을 만들고 그 위에 문루를 올렸어. 세 개의 문 중에서 가운데는 왕이 다니는 문이고, 동쪽 문은 문신이, 서쪽 문은 무신이 다니는 문이야.

흥례문
근정전으로 가는 두 번째 문이야. 일제 강점기 때 조선 총독부를 짓기 위해 헐렸다가 2001년에 복원되었지.

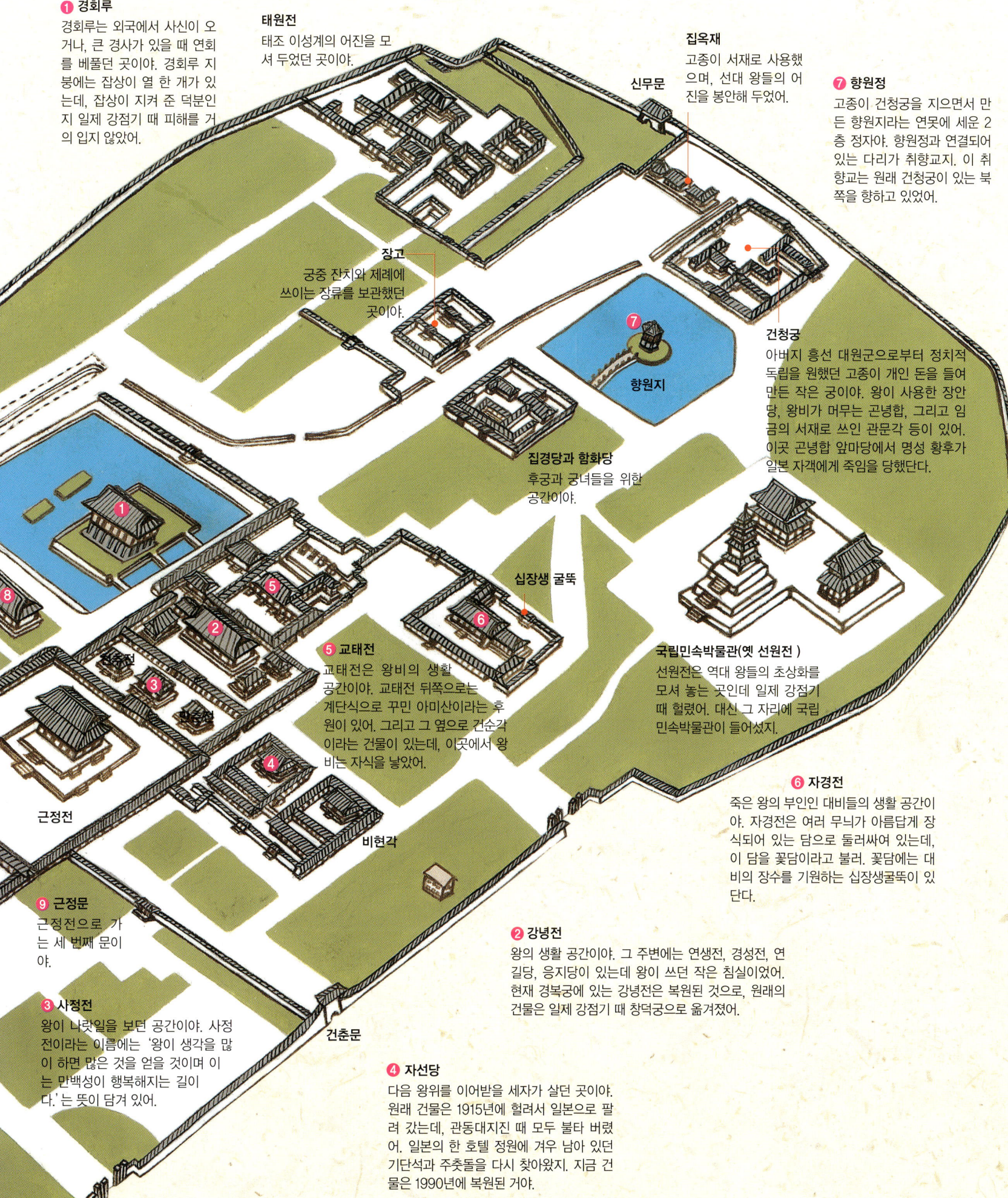

경복궁에서는 어떤 일이 있었을까?

태종 영제교에서 나라의 처지를 슬퍼하다

조선은 초기에 명나라를 왕처럼 받드는 신하의 나라였어. 그래서 명나라 사신은 늘 거만했어. 태종(조선 3대 왕)은 거만한 명나라 사신을 근정문 바깥 뜰로 데리고 나왔어. 그곳에는 영제교가 있고, 넓은 공간도 있었어. 태종과 명나라 사신이 영제교로 나왔을 때 밤하늘을 수놓으며 형형색색의 불꽃들이 터지기 시작했지. 태종은 명나라 사신들을 위해 불꽃놀이를 준비해 둔 것이었어. 화려하게 하늘을 수놓은 불꽃놀이를 보며 태종은 명나라 사신에게 잘 보여야 하는 조선의 처지가 너무 서글펐을 거야.

세종 근정전에서 한글을 반포하다

1418년 8월 10일 근정전 앞 넓은 조정에는 신하들이 무릎을 꿇고 머리를 조아리고 있었어. 한글을 만든 뛰어난 왕 세종은 어도를 걸어 근정전 월대 위에서 즉위 교서를 읽어 나갔어. 자신이 왕이 되었다는 것을 온 세상에 알리는 순간이었지. 조정을 가득 메운 신하들은 천세를 외치며 새 왕의 탄생을 축하했어. 근정전에서 왕이 된 세종 대왕은 1443년에 이 근정전 월대에서 훈민정음을 반포하기도 했단다.

세조 사정전에서 사육신을 처벌하다

지금으로부터 550여 년 전 사정전 앞 마당에서 성삼문, 이개, 하위지, 유성원 등 사육신은 형틀에 묶여 있고 세조(조선 7대 왕)는 이들을 노려보았어. 이 자리는 바로 왕이 중죄인에게 죄를 묻는 친국 자리였어. 세조는 조카였던 단종을 내쫓고 자기가 왕이 되었지. 사육신은 이를 바로잡기 위해 단종을 다시 왕의 자리에 올리려 했지만, 뜻대로 되지 않았어. 이 일로 인해 결국 단종은 영월로 유배를 가고 사육신은 죽임을 당했지.

문종 자선당에서 왕이 되기 위한 공부를 하다

동궁전인 자선당에서 가장 오랫동안 산 왕은 문종(조선 5대 왕)이야. 문종은 세종의 첫째 아들로, 여덟 살 어린 나이에 세자가 된 뒤, 왕이 될 때까지 이곳에서 살았지. 세종은 학문도 좋아하고 백성을 사랑하는 마음이 가득한 문종에게 기대를 품었어. 문종은 무려 28년 동안 경복궁 자선당에서 왕이 되기 위한 공부를 열심히 했지. 하지만 문종은 몸이 약해 왕이 된 지 2년 4개월 만에 죽고 말았단다.

연산군 경회루에서 흥청망청하다

충신들의 얘기에 귀기울이지 않고 매일 술자리를 가지며 놀기를 즐겨했던 연산군(조선 10대 왕)이 자주 찾던 곳이 경회루야. 연산군은 경회루 연못에 배를 띄우며 놀고 전국의 기녀를 불러들였어. 그때 궁궐로 들어온 기생들을 흥청이라고 불렀어. 마음껏 떠들고 노는 것을 보고 흥청거린다고 하는데, 연산군이 경회루로 불러들인 기녀들을 흥청이라고 부른 데서 유래된 말이야.

세종 집현전에서 학문의 꽃을 피우다

수정전은 경복궁 궐내각사 중의 하나로 세종 때는 집현전으로 사용되었어. 집현전은 많은 학자들이 공부를 할 수 있도록 세종이 마련한 공간이었지. 어느 날 밤, 세종은 집현전에 밤늦도록 불이 켜 있는 것을 보고 누가 있는지 내관에게 알아보라고 시켰어. 내관은 신숙주가 책을 보다 잠이 들었다고 답했지. 그 이야기를 들은 세종은 조용히 집현전으로 들어가 자신의 옷을 벗어 잠이 든 신숙주에게 덮어 주었다고 해.

명성 황후 건청궁에서 일본 자객에게 죽임을 당하다

1895년 10월 8일 새벽, 일본 자객들이 칼을 들고 건청궁에 들어와 왕과 세자를 가둔 뒤, 곤녕합에 딸린 옥호루에 있던 명성 황후를 죽였어. 그러고는 근처 녹산에서 불에 태웠고, 그 뼈를 향원지에 던져 버렸다고 해. 이것이 1895년에 일어난 을미사변이야. 일본을 멀리하는 명성 황후를 눈엣가시처럼 여긴 일본은 러시아와 손잡고 감히 그런 짓을 저지르고 말았단다.

흥선 대원군 경복궁을 다시 짓다

고종이 왕이 되었을 때 왕의 힘은 매우 약했어. 고종의 아버지 흥선 대원군은 아들을 왕으로 만들면서 약해진 왕의 힘을 강화시키기 위해 경복궁을 다시 크게 짓기로 했어. 그런데 그 과정에서 화재가 여러 번 일어나고, 공사가 지연되자 백성들과 신하들의 원망도 높아졌어. 하지만 흥선 대원군의 의지를 꺾을 수는 없었어. 이렇게 해서 다시 중건된 경복궁은 330동 7,225칸으로 법궁으로서의 모습을 제대로 갖추게 되었어.

육조거리 이야기

모든 나랏일은 여기에서!

이제 경복궁 안은 다 돌아보았어. 처음 경복궁이 만들어졌을 때의 모습은 아니지만, 조선의 제1궁궐다운 웅장함을 느꼈을 거야.

이제 그 앞으로 가 보자! 광화문 앞은 예전에는 육조거리였어. 바로 중요한 나랏일을 보는 관청들이 늘어선 거리였지.

광화문을 나와 처음 만나는 거리를 육조거리라고 한 것은 육조와 한성부 등의 주요 관청이 길 양쪽에 있었기 때문이란다. 모든 관청이 다 궁궐 안에 있을 수 없으니까 궁궐과 가장 가까운 곳인 정문 바로 앞에 관청들이 모여 있었던 거야.

동쪽에는 의정부, 이조, 한성부, 호조, 기로소가 있고, 서쪽으로는 예조, 중추부, 사헌부, 병조, 형조, 공조들이 줄줄이 들어서 있었어.

육조거리는 조선 시대 나랏일이 이뤄지는 중심 거리였단다.

병조는 오늘날의 국방부와 같아. 군사, 군비 등에 관한 일을 관리했어.

형조는 오늘날의 법무부와 같아. 법을 만들고 집행하는 모든 일을 맡았어.

공조는 오늘날의 국토교통부와 같아. 산림 관리를 하거나, 건물을 짓는 일 등을 맡아 보았어.

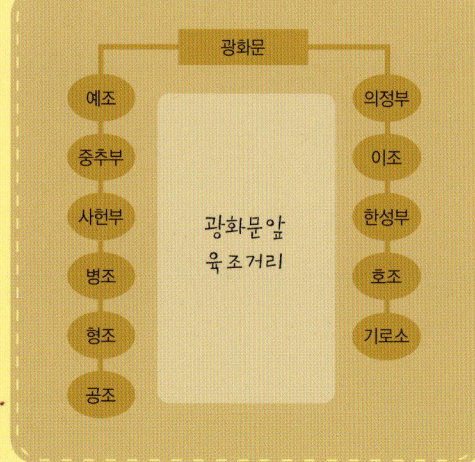

광화문

예조	의정부
중추부	이조
사헌부	한성부
병조	호조
형조	기로소
공조	

광화문 앞 육조거리

한 발 한 발 찾아가는 경복궁

근정전

영제교 / 서수

수호 동물을 찾아라!
금천 위의 영제교에는 궁궐로 들어오는 나쁜 기운이나 잡귀를 막아 주는 네 마리의 수호 동물이 있단다. 익살스럽기도 하고, 무서운 표정을 짓고 있는 이 수호 동물을 찾아보렴. 다리 양쪽으로 2마리씩 모두 네 마리가 지키고 있는 것을 알 수 있을 거야.

일월오봉도

근정전 안 일월오봉도에서 왕을 상징하는 것은?
일월오봉도는 왕이 앉는 어좌 뒤에 세워 놓는 병풍 속 그림이야. 그 안에 그려진 그림은 각각 무엇인가를 상징한다는 이야기도 있어. 달은 왕비를, 다섯 개의 봉우리는 조선의 국토를, 그리고 소나무와 물은 충신과 백성을 뜻한다고 말이야. 그렇다면 왕을 나타내는 것은 무엇일까? 바로 해란다.

자경전의 십장생 굴뚝 / 불가사리

꽃담에서 불가사리는 어디 숨었을까?
자경전을 에워싼 꽃담의 십장생 굴뚝에는 해, 산, 물, 돌, 구름 등의 열 가지가 그려져 있어. 그 아래에는 굴뚝을 지키듯 불가사리가 새겨져 있지. 쇠와 불을 먹었다는 상상의 동물 불가사리를 찾아보자.

아미산 / 굴뚝

연기가 빠져나가는 통로 걸어보기
교태전 아궁이에서 불을 때면 연기가 땅속의 길을 따라 아미산에 있는 굴뚝으로 빠져나가. 그러니까 교태전 아궁이와 굴뚝 사이의 땅 속은 연기가 빠져나가는 통로였단다.

열상진원

향원정

물은 어디로 흐를까?
경복궁 북쪽에 있는 북악산에서 흘러온 물은 이곳 향원지로 흘러들어. 그런데 바로 향원지로 들어가지 않고 향원지 북서쪽에 있는 열상진원을 거쳐 들어간단다. 이렇게 열상진원을 거치게 만든 데에는 특별한 이유가 있어. 차가운 북악산의 물에 산소를 공급하고 찬 기운을 좀 가시게 하면서 일정한 속도로 흘러들게 하기 위해서야.

굴뚝이 어디 있을까?
난방 시설이 없는 사정전을 대신해 사정전 양옆의 천추전과 만춘전에는 난방 시설을 만들어 놓았어. 사정전에는 굴뚝이 없지만 천추전과 만춘전에는 굴뚝이 있는 것으로 알 수 있지. 자, 천추전과 만춘전의 굴뚝을 찾아보렴!

모양이 다른 기둥이 몇 개?
경회루를 받치고 있는 기둥은 안쪽과 바깥쪽의 것이 각각 모양이 달라. 바깥 기둥은 땅을 의미하는 네모이고 안쪽은 하늘을 의미하는 둥근 모양을 하고 있어. 경회루를 받치고 있는 기둥은 전부 48개인데, 바깥쪽에 세워진 네모 기둥은 모두 24개로 24절기를 의미한단다.

근정전을 지키는 동물을 찾아라!

이제 경복궁을 모두 돌아봤니? 그렇다면 경복궁의 가장 중요한 건물인 근정전을 다시 한 번 살펴보렴. 그곳에는 밤낮없이 근정전을 지키는 동물들이 있단다. 어디에 숨어 있는지 한번 찾아볼까? 근정전 월대를 돌아봐. 동서남북으로 수호신인 청룡, 백호, 주작, 현무를 나타내는 석상이 있어. 그뿐이 아니야. 개와 돼지를 뺀 십이지신을 나타내는 동물상도 있어. 그 가운데 용은 청룡이 대신해 십이지신상에서 빠졌어. 그리고 서수라고 불리는 상상 속의 동물도 조각되어 있지.

창덕궁

왕들에게 가장 사랑받은 궁궐

두 번째로 만나볼 궁궐은 창덕궁이야. 창덕궁은 조선의 세 번째 왕인 태종이 만들었어.

창덕궁이 처음 지어졌을 때는 매우 소박했어. 그때는 법궁인 경복궁이 있었기 때문에 크게 지을 필요가 없었거든. 조선 초기의 임금들은 이곳을 많이 이용하지 않았어.

그러다 임진왜란 때 경복궁이 불에 타 버리자 광해군이 창덕궁과 창경궁을 다시 짓게 했단다. 그 이후로는 경복궁이 다시 지어지기 전까지 창덕궁은 가장 오랜 기간 동안 왕들이 거처했던 궁궐이 되었어.

그런데 창덕궁에는 유독 화재가 많이 일어났어. 임진왜란 때는 물론이고 인조반정 때, 또 순종 때도 화재를 입어 다시 지어졌지. 이런 수난을 겪었지만 창덕궁은 조선 시대 궁궐 가운데 가장 보존이 잘 되어 있어. 그래서 유네스코 세계 문화유산으로 등재되었지. 특히 창덕궁은 주변 자연 환경을 거스르지 않고 자연과 조화롭게 배치되었다는 점이 우수하단다.

이렇게 잘 보존된 창덕궁 가운데 왕의 생활 공간인 희정당을 살펴보자.

왕이 주로 생활한 희정당

왕이 잠도 자고 책도 읽으며 생활하는 침전을 대전이라고 부르는데, 창덕궁의 대전은 희정당이야. 희정당은 처음에 왕의 침전으로 사용되었다가 나중에 어전회의실로 사용되었어. 원래 희정당은 지금처럼 큰 건물은 아니었어. 여러 차례 화재가 일어나 재건되면서 규모도 달라지고 건물의 용도도 바뀌게 된 거지. 건물 뒤쪽으로는 복도가 있는데, 창덕궁의 중궁전(왕비의 침전)인 대조전과 연결되어 있단다.

창덕궁은 조선의 3대 왕인 태종이 만들었어. 그리고 조선의 5대 궁궐 중 가장 잘 보존되어 있는 궁궐이지.

희정당은 왜 서양식일까?
순종 때 화재로 희정당이 불에 타자, 일제는 경복궁의 강녕전 건물을 헐어서 그 재료로 희정당을 만들었어. 이때 희정당을 서양식으로 꾸몄지. 희정당 가운데는 응접실을 만들고 주변의 방은 회의실이나 창고로 만들었어. 또 특이한 점은 희정당의 현관이 돌출되어 있다는 거야. 이렇게 현관이 돌출된 것은 마차나 차에서 내려 실내로 바로 들어갈 수 있게 만든 것으로 이 부분도 일제 강점기에 새로 만들어졌단다.

희정당 내부의 모습

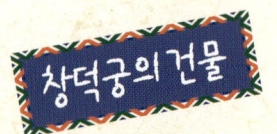

자연을 거스르지 않고 불규칙하게!

이제는 창덕궁에 있는 수많은 건물들을 하나씩 찾아가 볼까!

창덕궁은 경복궁과는 다른 뭔가가 있어. 그것은 창덕궁이 편편한 곳이 아니고 북한산 매봉 기슭에 세워졌다는 거야. 북쪽과 동쪽에 언덕이 있고, 서쪽으로 평평한 땅이 이어져 있어. 요즘 같으면 산을 깎거나 했을 텐데, 예전에는 그렇게 하지 않았어. 자연을 있는 그대로 두고, 거기에 건축물을 세웠지. 그래서 창덕궁의 건축물은 규칙적으로 배치되어 있지 않아. 정문인 돈화문은 남향이지만 금천교는 동서로 가로지르게 놓여 있어. 또 경복궁처럼 정전이 있고 그 뒤로 차례로 편전과 침전이 있는 것이 아니라 정전, 편전, 침전인 인정전, 선정전, 희정당이 옆으로 나란히 자리잡고 있지.

창덕궁은 "자연은 있는 그대로, 인간은 그 자연 안에서 최대한 자유롭게"라는 원칙을 지키며 만들어진 것을 알 수 있지.

> 조선의 다섯 궁궐 가운데 가장 많은 왕들이 살았고, 가장 아름다운 곳이 바로 이곳 창덕궁이란다.

❷ 선정전
왕의 편전이었던 선정전의 특징은 청기와를 썼다는 거야. 당시 청기와는 비싸서 아주 중요한 건물에만 사용했는데 그만큼 중요한 건물이었다는 것을 뜻하지.

❶ 인정전
창덕궁의 중심 건물이야. 보통 정전 뒤에 편전과 내전이 있어야 되는데, 지형상 인정전 뒤에 편전과 내전을 지을 수 없어서 뒤쪽 동산을 화계와 담장으로 꾸며 놓았어.

궐내각사
돈화문과 인정전 서쪽 일대에 여러 궐내각사들이 모여 있었어. 왕의 의복과 궁궐의 재산이나 보물 등을 담당했던 상의원, 궐내 식재료와 식기를 관리하는 사옹원 등이지. 궐내각사 건물들도 대부분 일제 강점기를 거치면서 없어졌다가 2005년에 복원되었단다.

❻ 금천교
창덕궁의 금천교는 비단 같은 물이 흐른다고 해서 금천교(錦川橋)라고 이름을 지었어. 금천교를 자세히 보면 거북과 현무의 석상, 그리고 서수 석상이 세워져 있지. 이들은 궁궐에 들어오는 나쁜 기운을 몰아내기 위해 만들어진 것이야.

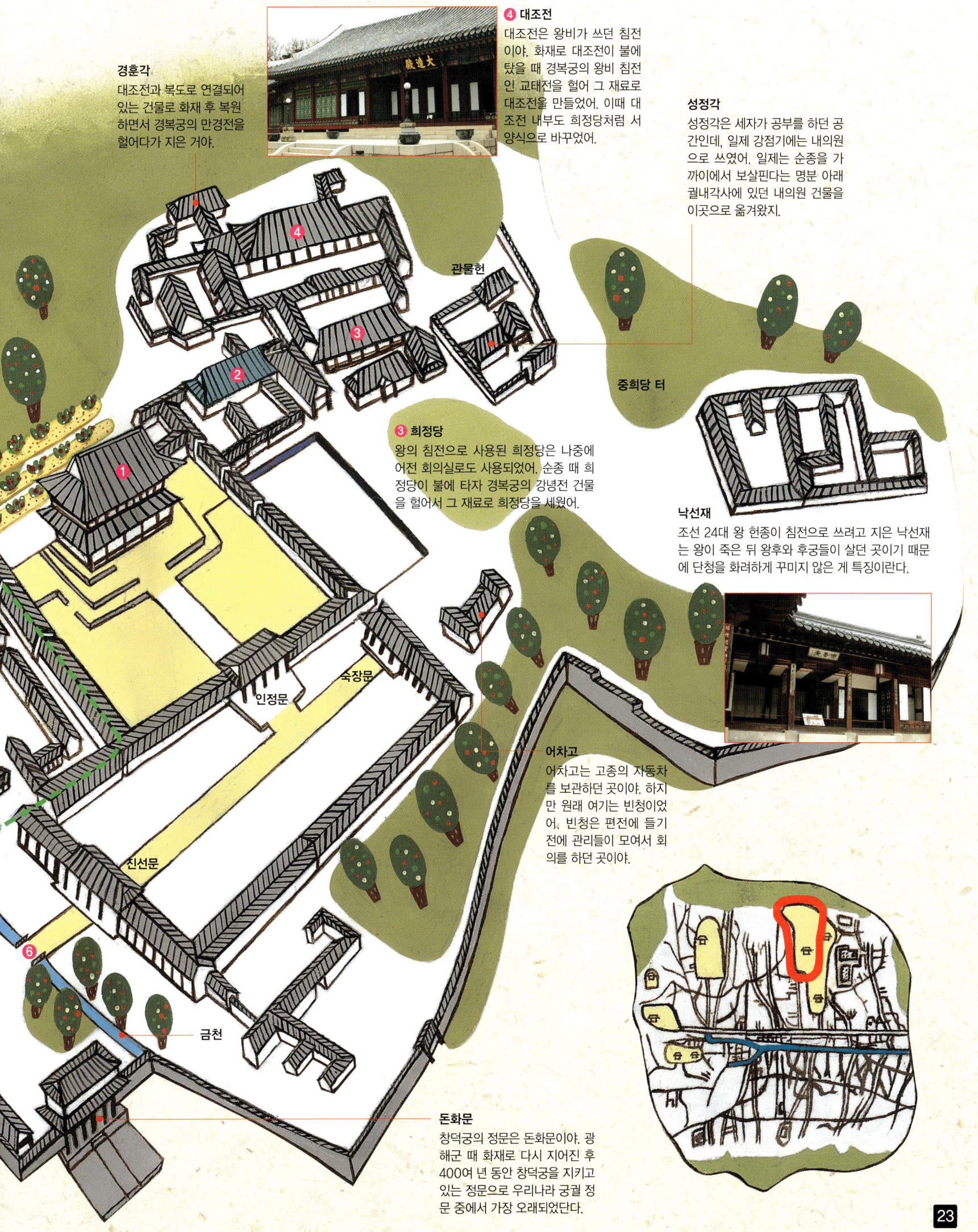

경훈각
대조전과 복도로 연결되어 있는 건물로 화재 후 복원하면서 경복궁의 만경전을 헐어다가 지은 거야.

❹ 대조전
대조전은 왕비가 쓰던 침전이야. 화재로 대조전이 불에 탔을 때 경복궁의 왕비 침전인 교태전을 헐어 그 재료로 대조전을 만들었어. 이때 대조전 내부도 희정당처럼 서양식으로 바꾸었어.

성정각
성정각은 세자가 공부를 하던 공간인데, 일제 강점기에는 내의원으로 쓰였어. 일제는 순종을 가까이에서 보살핀다는 명분 아래 궐내각사에 있던 내의원 건물을 이곳으로 옮겨왔지.

관물헌

중희당 터

❸ 희정당
왕의 침전으로 사용된 희정당은 나중에 어전 회의실로도 사용되었어. 순종 때 희정당이 불에 타자 경복궁의 강녕전 건물을 헐어서 그 재료로 희정당을 세웠어.

낙선재
조선 24대 왕 헌종이 침전으로 쓰려고 지은 낙선재는 왕이 죽은 뒤 왕후와 후궁들이 살던 곳이기 때문에 단청을 화려하게 꾸미지 않은 게 특징이란다.

인정문

숙장문

어차고
어차고는 고종의 자동차를 보관하던 곳이야. 하지만 원래 여기는 빈청이었어. 빈청은 편전에 들기 전에 관리들이 모여서 회의를 하던 곳이야.

진선문

금천

돈화문
창덕궁의 정문은 돈화문이야. 광해군 때 화재로 다시 지어진 후 400여 년 동안 창덕궁을 지키고 있는 정문으로 우리나라 궁궐 정문 중에서 가장 오래되었단다.

23

창덕궁에서는 어떤 일이 있었을까?

영조 선정전에서 탕평책의 포부를 밝히다

선정전에 신하들을 모아 놓고 영조(조선 21대 왕)는 붕당 갈등을 줄이기 위한 탕평책에 대해 의논을 해. 영조는 붕당 갈등이 얼마나 큰 피해를 주는지 잘 알고 있었지. 탕평책은 당파와는 상관없이 능력 있는 인재를 고루 관직에 앉혀 당파 싸움을 없애려는 정책이었어. 하지만 뿌리 깊은 당파의 대립을 꺾지 못한 영조는 결국 자신의 아들(사도 세자)을 뒤주에 가둬 죽이고 말아.

영조 인정문을 지나 왕위에 오르다

1724년 어느 날, 영조는 즉위식을 하기 위해 인정문을 통과하면서 많은 생각을 했어. 영조는 오늘 같은 날이 올 것이라고 기대하지 못했어. 왜냐하면 영조의 아버지 숙종에게는 두 명의 아들이 있었는데, 첫째 아들인 경종이 이미 세자로 정해졌거든. 하지만 경종이 갑자기 죽자 영조는 왕위에 올랐고, 인정전에서 즉위식을 올린 뒤 51년 7개월 동안 자리를 지켜 조선의 최장수 왕이 되었어.

효명 세자 희정당에서 죽음을 맞다

왕의 침전인 희정당에서 효명 세자가 죽음을 맞았어. 순조(조선 23대 왕)는 아들 효명 세자가 아버지 정조처럼 조선을 다시 일으킬 것이라 믿고 효명 세자가 19살이 되었을 때 대리청정*을 맡겼어. 효명 세자는 정조처럼 강력한 왕권을 갖기 위해 애를 썼어. 하지만 대리청정한 지 3년 만에 효명 세자는 건강이 나빠져서 희정당에서 죽고 말았어. 효명 세자는 왕은 아니었지만 대리청정을 했던 만큼 왕의 침전인 희정당을 사용했고, 그곳에서 죽음을 맞았던 거야.

*대리청정 : 왕의 허락 하에 왕을 대신해서 나랏일을 하는 것으로 보통 왕세자나 왕세손이 했어.

정조 부용정에서 낚시를 하다

정조(조선 22대 왕)는 어머니 혜경궁 홍씨의 회갑연을 화성 행궁에서 크게 열었어. 어머니의 생신을 축하하는 것은 물론이고, 화성 행궁에서 큰 행사를 함으로써 자신이 강력한 왕권을 가졌다는 것을 반대 세력들에게 보여 주기 위해서였어. 행사를 마친 정조는 무척 기분이 좋았어. 그래서 이를 기념하며 규장각의 신하들과 함께 부용정에서 낚시를 하고 부용지 안에 작은 배를 띄워 배 안에서 시를 짓는 등 즐거운 한때를 보냈단다.

개화당 관물헌에서 삼일천하를 끝내다

성정각 뒤편에 있는 관물헌은 왕이 신하들과 토론을 하거나 왕세자가 학문을 배우던 장소였어. 그리고 이곳은 조선의 젊은이들이 조선의 자주 독립과 근대화를 꿈꾸었던 곳이기도 해. 일본의 지지를 받던 김옥균, 홍영식, 서광범 등 개화당은 갑신정변*을 일으키지만 창덕궁 관물헌에서 청나라 군사의 공격을 받고 3일 만에 정변을 끝내고 말았어.

*갑신정변 : 고종 21년에 개화당이 명성 황후 일파를 몰아내고 혁신적인 정부를 세우기 위해 일으킨 사건이야.

문효 세자 중희당에서 세자 교지를 받다

현재 화강석 표식만 남아 있는 중희당 터는 세자들의 생활 공간인 동궁전이 있던 자리야. 정조는 후궁인 의빈 성씨에게서 첫 아들 문효 세자를 얻고 몹시도 기뻐서 중희당을 지었어. 중희당은 창덕궁에 있는 단일 건물 중 규모가 가장 컸어. 어린 나이에 세자가 된 문효 세자는 동궁전인 중희당에서 자신을 세자로 임명한다는 왕의 교지*를 받았어. 하지만 안타깝게도 문효 세자는 4살의 어린 나이로 세상을 떠나고 만단다.

*교지 : 조선 시대에 왕이 4품 이상의 벼슬아치에게 내리는 임명장을 말해.

 **정조** 주합루에서 인재를 키우다

정조가 왕이 되었을 때의 조정은 노론* 세력이 장악하고 있었어. 정조에게는 자신의 힘이 되어 줄 신하들이 필요했지. 정조는 과거 시험도 많이 실시하고, 신분과는 상관없이 능력이 뛰어난 인재들을 뽑았어. 그리고 그런 인재들이 규장각에서 공부할 수 있도록 해 주었지. 규장각은 정조가 꿈꾸던 개혁 정치의 중심지였어. 규장각은 창덕궁 후원 부용지 연못 뒤에 있는 주합루 1층에 있었단다.

*노론 : 조선 시대에 붕당 정치가 한창일 때 파벌을 이룬 사색당파 가운데 하나야. 노론, 소론, 남인, 서인 등이 사색당파를 이루었지.

 **순종** 대조전에서 영원히 잠들다

"백성들이여, 노력하여 광복하라. 짐의 혼백이 어둠 속에서 여러분을 도우리라."

1926년 4월 25일. 대조전에서 세상을 떠난 순종(조선 27대 왕)은 이런 유언을 남겼어. 순종은 하늘로 가면서도 속이 많이 상했을 거야. 왜냐하면 순종을 마지막으로 조선 왕조의 문이 닫혔으니까. 순종은 나라 잃은 설움을 안고 창덕궁에서 살다가 눈을 감았지. 그리고 6월 10일 순종의 상여가 떠나는 날, 많은 백성들이 창덕궁으로 모여들었고, 이때 6·10만세 운동이 일어났단다.

> 후원 이야기

자연의 모습을 그대로!

선정전에서 나랏일을 보고 희정당에서 생활했던 조선의 왕들이 잠시 휴식을 취해 발걸음을 옮겼던 곳. 그곳이 바로 창덕궁 후원이야.

창덕궁 후원도 태종이 만들었는데, 이때는 그리 크지 않았어. 궁궐이 그렇듯 후원도 여러 왕을 거치면서 점점 더 커지고 건축물도 많이 생겨났지.

광해군 때 창덕궁을 복원하면서 새로이 건물도 짓고 연못도 만들었어. 인조 때는 곳곳에 정자를 짓고 후원 깊숙한 곳에 옥류천도 만들었어. 부용지 주변 건축물은 정조 때 의두합과 연경당은 순조 때 만들어졌지.

이렇게 후원이 나날이 커지고 넓어졌어도 한 가지 변하지 않은 것이 있었어. 그것은 자연을 거스르지 않고 있는 그대로의 상태에서 정자와 연못을 배치한 거야.

창덕궁 후원은 창덕궁 전체에서 반 이상을 차지할 정도로 무척 넓어. 이 넓은 곳을 다 걸어 보려면 시간도 걸리고, 다리도 아프겠지만, 그 옛날 조선의 왕들은 이 길을 걸으며 어떤 생각을 했을까 떠올리며 걸으면 의미있는 시간이 될 거야.

> 자연의 모습을 훼손시키지 않고 조화를 이루도록 건물을 지은 창덕궁이 참 마음에 드는구나!

한 발 한 발 찾아가는 창덕궁

돈화문

칸 수를 세어 봐!
우리나라 궁궐의 정문 중에서 가장 오래된 정문이 돈화문이야. 돈화문은 5칸으로 되어 있는데, 5칸짜리 궁궐 정문은 당시에 중국 황제만 쓸 수 있었어. 그래서 돈화문의 양 끝쪽 두 문은 닫아 두었어.

수라간 / 내부의 모습

맛있는 음식 냄새가 났던 곳은 어디일까?
대조전 근처에 타일로 내부를 꾸민 건물이 하나 있는데, 이 건물이 왕의 음식을 만들던 수라간이야. 고종 때 현대식으로 만든 거야. 안을 들여다 보면 조리대 등을 볼 수 있어. 창덕궁의 수라간만이 유일하게 궁궐에 남아 있는 수라간이야.

경훈각

건물 뒤에 있는 문은 어떤 용도일까?
왕이나 왕비는 화장실도 마음대로 갈 수 없었어. 그래서 매화틀이라는 이동식 변기를 사용했지. 경훈각 뒤편에는 이 매화틀이 드나들 수 있는 문이 있단다.

옥류천

시가 새겨진 바위

물이 흐르는 곳에 시가 있네!
맑은 물이 흐르는 옥류천에는 한쪽 면이 편편한 커다란 바위가 놓여 있어. 후원을 찾은 왕은 신하들과 이 바위 앞에서 술잔을 띄우고 그 술잔이 자기 앞을 지나가기 전에 시를 짓는 등 풍류를 즐겼어. 그 중 한편의 시가 바위에 새겨져 있는데, 숙종이 지은 오언절구란다.

주합루

어수문

물과 물고기가 뜻하는 것은?
주합루로 올라가는 어수문은 왕만이 지나다닐 수 있었어. 그럼 신하들은 어디로 다녔냐고? 바로 옆에 달린 협문으로 다녔어. 왕에게 이 어수문을 이용하라고 한 것은 물고기는 물을 떠나 살 수 없듯이 항상 백성을 생각하라는 뜻이란다.

폄우사

박석

조정도 아닌데 박석이 있네!
존덕정 서쪽에 있는 건물인 폄우사 앞에는 15장의 화강암 박석이 깔려 있어. 이 박석은 왕세자의 팔자걸음 연습 장치였어. 박석이 깔린 순서대로 걸으면 자연스럽게 팔자걸음을 걸을 수 있어.

부용지

잉어 조각

물 위에서 뛰어오른 잉어 한 마리!
부용지 한쪽 모서리를 보면 잉어 한 마리가 물 위로 뛰어오르는 모습이 새겨져 있어. 열심히 공부하는 선비를 잉어에 비유한 것이란다. 과거에 급제해 높은 관직에 오르기를 바라면서 잉어를 새겨 놓았지. 부용지에 가면 찾아보렴!

금천교를 지키는 **동물**들을 찾아라!

창덕궁 금천교는 태종이 처음 창덕궁을 지었을 때 만들어진 것으로 다섯 궁궐의 다리 중 가장 오래되었어. 임진왜란 등을 겪으면서도 이렇듯 꿋꿋하게 제 모습을 지킬 수 있었던 것은 아마도 이곳을 지키는 동물들 덕분이 아니었을까? 뭐, 금천을 지키는 동물들이 뭐냐고? 실제 동물은 아니고 상징적으로 새겨 놓은 동물상을 말해. 다리를 받치고 있는 아래쪽을 보렴! 북쪽 기둥 아래에는 북쪽을 향하고 있는 현무가 있어. 상상의 동물인 현무는 북쪽을 지키는 신령스러운 존재로 여겨졌어. 남쪽에는 현무 대신 해치를 닮은 서수가 지키고 있어. 그리고 두 동물 위쪽에는 얼굴이 험상궂은 귀신 얼굴이 새겨져 있는데, 이것은 귀면이야. 귀면도 개천을 타고 올지도 모르는 나쁜 기운이나 잡귀를 막는 역할을 하고 있단다. 금천교를 그냥 지나치지 말고 수호 동물들을 한번 찾아보렴!

현무
궁궐의 북쪽에서 오는 나쁜 기운을 막아내.

서수
다리 양쪽 끝에 서 있단다.

서수
궁궐의 남쪽에서 오는 나쁜 기운을 막아내.

귀면
개천을 타고 오는 나쁜 기운을 막아내.

창경궁

왕실의 효심을 담은 궁궐

이번에 만날 궁궐은 조선을 세울 때 건국 이념으로 삼은 유교의 뜻을 잘 담고 있는 곳이야. 부모에게 정성을 다하는 효가 유교의 이념인데 창경궁은 이것을 잘 보여 주고 있지.

창경궁 자리에는 원래 세종이 아버지 태종을 모시기 위해 지었던 수강궁이 있었어. 세월이 흘러 왕이 된 성종에게는 모셔야 할 어른들이 많았어. 세조의 부인이면서 자신의 할머니인 정희 왕후, 작은어머니 안순 왕후, 친어머니 소혜 왕후 등 세 명의 대비*들이었어. 모두 창덕궁에서 모시려고 하니 대비전이 모자라자 성종은 수강궁에 새로이 궁궐을 지었단다.

이처럼 창경궁은 궁중의 어른들을 모시기 위해 지었어. 또한 조선 시대 후기에 정궁 역할을 했던 창덕궁과 더불어 독립적인 궁 역할을 톡톡히 해냈지.

하지만 창경궁도 일제 강점기는 피해갈 수 없었어. 궁궐이 아닌 공원이 되어 버렸고, 이름도 창경원으로 바뀌었지. 다행히 1983년에 원래 이름을 찾았고, 복원 작업을 통해 서서히 제 모습을 찾아가고 있어.

*대비 : 남편인 왕이 죽고 아들이 왕의 자리에 오르면 왕비는 대비가 돼.

습기를 막아 주는 통명전 주변 샘

통명전 바로 옆에는 화강암 난간을 두른 네모난 연지가 있어. 연지 주위 난간 기둥에는 연꽃 봉오리가 조각되어 있지. 이 연지의 물은 통명전 뒤에 있는 열천이라는 샘에서 나와. 이렇게 통명전 주위에 샘을 마련한 것은 뒤뜰의 습기가 건물에 스며들지 않게 하기 위해서야. 장마철에는 통명전 뒤뜰이 물로 넘쳐날 정도로 이곳에 물이 많았단다.

이 건물은 현재 안으로 들어가 볼 수 있단다. 문턱에 앉아 보거나 들어가서 내부의 구조를 자세히 살펴보렴.

왕비가 머무는 곳, 통명전

통명전은 왕비의 침전으로 창경궁에 있는 내전 건물 중에 유일하게 월대가 있어. 이것은 통명전이 중요한 건물임을 의미하지. 또 통명전이 중요한 건물이었다는 것을 알려주는 것은 통명전 앞에 깔려 있는 박석이야. 박석은 정전처럼 나라의 큰 연회나 행사가 치러지는 건물 앞에 깔려 있는 것이거든. 통명전 뒤에는 화단을 계단처럼 꾸민 화계가 있어. 좁은 공간에 화단을 만들면서 우리 조상들은 땅을 깎아 내지 않고 흙을 채워 계단처럼 꾸몄지. 자연을 해치지 않으려는 우리 조상들의 마음을 알게 해 주는 장치야.

건물 지붕의 맨 윗부분을 가로지르는 것을 용마루라고 해. 용마루의 용은 왕을 상징하지. 그런데 왕과 왕비가 머무는 침전에는 용마루를 만들어 놓지 않았어. 지붕에서 용마루가 누르고 있으면, 또 다른 용인 왕세자가 태어나는 데 방해가 된다고 여겼거든. 다른 궁에서도 확인해 보렴.

통명전
남쪽을 향하고 있는 통명전은 왕비의 침전으로, 창경궁에 있는 내전 중에 유일하게 월대가 있어. 현존하는 중궁전 중에 가장 오래되었단다.

양화당
통명전과 나란히 있는 양화당도 왕비의 생활 공간으로 화목함을 기르는 집이라는 뜻을 가지고 있어.

① 경춘전
동쪽으로 향하고 있는 경춘전은 대비나 왕비, 세자빈의 침전으로 사용되었어.

② 환경전
'기쁘고 경사스러운 집'이라는 뜻인 환경전은 남쪽을 향하고 있는 것으로 보아 왕이나 왕자의 침전으로 쓰였을 거야.

함인정
임진왜란 후 광해군은 창덕궁을 복원하면서 인경궁도 짓게 했어. 그런데 광해군이 왕의 자리에서 쫓겨나면서 궁은 철폐되고, 안에 있던 함인정을 창경궁으로 옮겨 왔어.

영춘헌, 집복헌
양화당 바로 옆에 나란히 자리한 영춘헌과 집복헌은 왕실 가족의 생활 공간이었어.

명정전
'밝고 바르고 현명한 정치를 편다'는 명정전은 다른 궁궐의 정전과 다르게 동쪽을 향하고 있어. 또 조선의 5대 궁궐의 정전 가운데 가장 오래되었지.

숭문당
학문을 숭상하는 집인 숭문당은 왕이 공부를 하던 장소야. 조선 시대 왕은 나랏일을 잘하기 위해 늘 공부를 게을리하지 않았어.

문정전
창경궁의 편전인 문정전은 정전인 명정전과 복도각으로 연결되어 있어서 비를 맞지 않고 양쪽을 오갈 수 있었어.

홍화문
창경궁의 정문인 홍화문은 동쪽을 향하고 있어. 창경궁은 창덕궁의 보조 역할을 하는 궁이었기 때문에 굳이 남쪽으로 정문을 낼 필요는 없었단다.

옥천교
무지개 모양의 홍예 2개를 이어 붙여 만든 옥천교는 귀면상이 새겨져 있어서 궁궐로 들어오는 나쁜 기운을 막아 주고 있어. 옥천교는 일본이 창경궁을 창경원으로 만들 때 땅에 묻어 버린 것을 다시 복원한 거야.

명정문
정전의 정문인 명정문은 정전이 단층으로 지어졌기 때문에 그에 맞춰서 단층으로 지어졌어.

동쪽으로 놓이다

이제 창경궁의 여러 건물들을 돌아보자.

창경궁의 가장 큰 특징은 정문이나 궐내의 여러 건물들이 동쪽을 향하고 있다는 거야. 그 이유는 왕비가 살기 위한 곳으로 지어졌기 때문이지. 예로부터 왕비가 사는 곳은 동쪽에 있어야 한다고 전해지거든. 성종은 이를 염두에 두고 세 분의 대비를 모시기 위해 창경궁을 지을 때 동쪽을 향하도록 지었지. 그래서 창경궁은 다른 궁궐에 비해 생활 공간인 내전이 훨씬 많아. 또 외전의 크기나 규모도 작고, 건물들도 소박하고 아담해. 정전의 방향도 다른 궁궐들과는 다르게 동쪽을 향하고 있지.

또한 창덕궁이 자연을 훼손하지 않고 자연 그대로인 상태에서 건물을 세운 것처럼 창경궁의 건물들도 그렇게 지어졌어.

이곳을 보면 성종의 효심이 느껴져. 웃어른을 편안하게 모시려고 세심하게 신경을 써서 지었거든.

궁궐 안에서 농사를 지었다고?

창경궁의 후원에는 농사를 얼마나 중요하게 생각했는지를 보여 주는 곳이 있어. 춘당지 아래에 있는 내농포야. 이곳은 왕이 직접 농사를 지으면서 농사 시범을 보였던 곳이야. 농사와 밀접한 관련이 있는 날씨를 살피는 일도 아주 중요시했지. 창경궁의 관천대와 풍기대가 그런 역할을 했어. 관천대는 천체 관측기기인 혼천의 등을 설치해 하늘의 변화를 살펴본 곳이고, 풍기대는 바람의 방향과 세기를 재는 곳이었어.

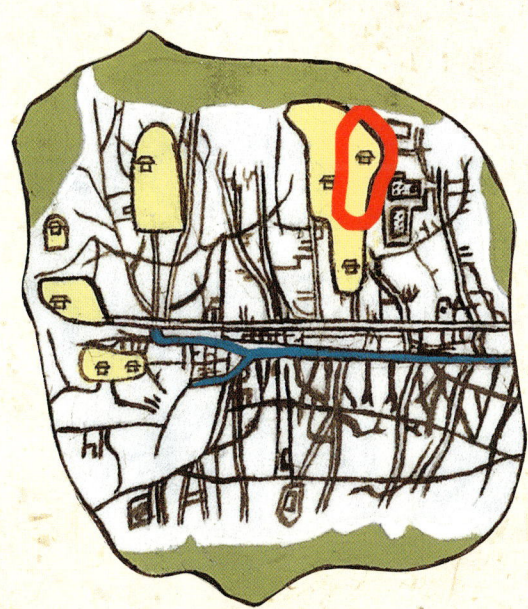

창경궁에서는 어떤 일이 있었을까?

사도 세자 | 문정전 앞뜰에서 죽다

영조는 나이가 들자 아들 사도 세자에게 대리청정을 맡겼어. 그런데 당시 권력을 잡고 있던 노론은 이때부터 세자와 왕 사이를 이간질시켜. 세자의 성품이 좋지 않으며, 궐 밖으로 나가 술도 마시고 놀러 다닌다고 모함했지. 신하들의 이간질에 넘어간 영조는 뒤주를 가져와 문정전 앞뜰에 놓으라고 했어. 그리고 세자에게 뒤주 속으로 들어가라고 명령을 내렸고, 세자는 뒤주 속에서 물 한 모금 먹지 않고 8일을 버티다가 죽고 말았어.

인조 | 양화당에서 치욕을 되씹다

1637년 1월 30일. 이 날은 조선 왕조 역사상 가장 굴욕적인 삼전도 사건이 일어난 날이야. 청나라가 침략한 병자호란으로 인해 인조(조선의 16대 왕)는 남한산성으로 피난을 갔다가 40일 만에 항복하고 말았어. 이날 인조는 조선의 왕이면서 청나라 태종 앞에서 세 번 절하고 아홉 번 머리를 조아리는 치욕을 당했지. 이 항복 의식을 하고 돌아와 인조가 지낸 곳이 양화당이야. 양화당에서 인조는 잠을 이루지 못하며 이날의 치욕을 기억했을 거야.

영조 | 홍화문에서 백성들의 소리를 듣다

균역법은 병역을 면제하는 대신 냈던 베를 두 필에서 한 필로 줄이고, 부족한 세금은 다른 곳에서 징수하는 법이었어. 신하들은 균역법의 실시가 군영의 경비를 줄어들게 할 것이라고 반대했지. 하지만 영조는 더 이상 백성들에게 세금 부담을 줄 수 없었어. 홍화문 앞뜰로 나가서 백성들을 직접 만난 영조는 균역법에 대한 의견을 듣고 과감하게 실시했지. 이처럼 홍화문은 영조 때 백성들과 소통하는 장소였어.

사도 세자 | 경춘전에서 용 꿈을 꾸다

대리청정을 하고 있던 사도 세자는 침실로 경춘전을 사용하고 있었어. 어느 날, 경춘전에서 잠을 자고 있던 사도 세자는 커다란 흑룡이 여의주를 입에 물고 있는 꿈을 꾸었어. 꿈에서 깬 사도 세자는 예사롭지 않다고 생각하고 그림으로 그려서 동쪽 벽에 붙여 놓았어. 그 후 경춘전에서 정조가 태어났지. 정조는 자신이 태어난 경춘전에 '탄생전'이라는 현판을 써서 걸었단다.

소현 세자 — 환경전에서 죽음을 맞다

병자호란 때 소현 세자*는 인질이 되어 청나라로 갔고 그곳에서 국제 정세에 눈을 뜨고 천주교와 서양의 최첨단 과학을 만나게 돼. 그 뒤 인질 생활을 끝내고 조선으로 돌아왔지만, 아무도 소현 세자를 반기지 않았어. 귀국 두 달 후 소현 세자는 창경궁 환경전에서 돌연 죽음을 맞이해. 건강했던 소현 세자가 죽은 것은 독살이라는 얘기가 있어. 아마도 인조는 소현 세자가 자신의 왕권에 도전할까 두려웠나 봐.

*소현 세자 : 조선 16대 왕 인조의 첫째 아들로, 병자호란 때 9년간이나 청나라 인질로 잡혀 있다가 돌아온 비운의 세자야.

명성 황후 — 명정전에서 가짜 장례를 치르다

고종 때 구식 군대의 군인들이 신식 군대인 별기군과의 차별 대우와 밀린 급료에 불만을 품고 임오군란을 일으켰어. 그러자 명성 황후는 지방으로 피신을 갔고, 이를 틈타 흥선 대원군은 다시 정권을 찾아오려고 했지. 그래서 명성 황후가 폭도들에게 죽임을 당했다고 말하고는 가짜 장례를 치렀는데, 이때 명정전은 곡을 하는 장소로 이용됐어. 하지만 명성 황후가 살아서 궁으로 돌아오면서 흥선 대원군은 다시 정권을 잡지 못했어.

정조 — 영춘헌에서 개혁 정치를 꿈꾸다 죽다

정조는 영춘헌에서 책도 읽고 나랏일도 보았어. 나중에는 침전으로도 사용하다 이곳에서 갑자기 죽음을 맞이해. 개혁 정치로 왕권을 강화해 가던 정조를 노론 세력과 정순 왕후는 좋게 보지 않았어. 정조의 개혁 정치가 자신들의 힘을 약화시킬 것이라고 생각했거든. 정조가 죽는 그 순간 영춘헌에는 정순 왕후만이 함께했어. 정조가 병으로 죽었는지, 아니면 독살을 당했는지는 영춘헌만이 알고 있을 거야.

장희빈 — 통명전 근처에 나쁜 물건을 묻다

숙종 때 통명전은 주인이 여러 차례 바뀌었어. 장희빈은 궁녀 출신이지만 아들을 낳은 후, 인현 왕후를 통명전에서 쫓아내고 자신이 왕비의 자리를 차지하지. 하지만 이게 끝은 아니었어. 다시 인현 왕후가 왕비의 자리에 올랐거든. 그러자 이를 시기한 장희빈은 통명전 근처에 나쁜 물건을 묻었다가 들켜 사약을 받고 죽어. 이렇게 왕비의 자리가 수차례 바뀌었던 것은 인현 왕후와 장희빈의 뒤에 서인과 남인이라는 당쟁 세력들이 있었기 때문이란다.

창경원 이야기

궁궐에서 공원으로 바뀌다

지금부터 백여 년 전, 창경궁은 창경궁이 아니었어.

일제는 고종을 끌어내리고 순종을 황제로 앉혔어. 그때부터 고종은 경운궁(덕수궁)에서, 순종은 창덕궁에서 살게 되었지. 이때 일본은 순종을 위로한다는 명목 아래 창경궁의 건물들을 헐어 내고 동물원을 만들고, 언덕과 뜰에 일본 벚나무를 심었어.

1911년에는 이름도 창경원으로 바뀌었지. 조선의 상징이었던 궁궐에 짐승들이 뛰어놀고 일본 벚꽃이 활짝 피어나는 한낱 공원이 된 거야. 그 모습을 보면서 조선의 백성들은 조선 왕실을 점점 잊어 갔어.

그러다 오랜 시간이 흐른 1983년에야 창경궁 복원 계획이 진행되어 창경궁은 제 이름을 찾을 수 있었단다.

동물원
일제는 창경궁 선인문 안쪽의 궐내각사 건물들을 없앤 뒤 동물원을 만들었어. 호랑이, 곰, 사슴, 학, 타조 같은 동물들을 기르기 시작했고, 일반 백성들도 쉽게 구경할 수 있게 궁궐의 문을 활짝 열었지.

명정전 앞뜰
일제는 창경궁의 가장 중심 건물인 명정전 앞뜰 여기저기에도 모란을 심어 놓았어. 이것도 순종을 위로한다는 명목으로 우리의 궁궐을 훼손시킨 것이지.

자경전 터
통명전 뒤쪽으로 작은 언덕을 올라가면 평평한 터가 나와. 이곳에 자경전이 있었어. 자경전은 효심이 깊은 정조가 어머니 혜경궁 홍씨를 위해 지었던 건물이야. 자경전은 고종 때 불타 버렸는데, 일본은 이곳에 왕실박물관 겸 도서관인 어원박물관을 지었어. 그리고 어원박물관은 창경궁 복원 계획에 따라 허물어지고 지금은 사진에서처럼 터만 남아 있단다.

> 궁궐의 모습을 잃고 망가져 버린 창경궁의 모습을 보니 마음이 몹시 아프구나. 너희도 그렇지?

식물원
창경궁 북쪽에 위치한 춘당지 쪽에 식물원을 지어서 전국에 산재해 있는 진귀한 식물들을 채집하여 옮겨 심었어.

벚꽃
일제 강점기에 일본은 자신들을 대표하는 꽃인 벚나무를 창경궁에 심었어. 그리고 밤에도 이 벚꽃들을 볼 수 있도록 밤 벚꽃놀이를 열기도 했어.

춘당지의 케이블카
내농포가 있던 춘당지 일대를 일본식 연못으로 만들었어. 그리고 춘당지에 배를 띄워 뱃놀이도 하고 케이블카를 만들어 타고 다닐 수 있게 했어.

창경궁에 있던 벚꽃은 어디로 갔을까?
일제 강점기 때 시작한 야간 벚꽃놀이는 한국전쟁으로 잠깐 중단되었다가 1980년대 초반까지 계속되었어. 그러다 창경궁 복원 작업이 진행되면서 궁에 남아 있던 벚나무를 어떻게 처리할지가 문제가 되었지. 그냥 두자는 의견도 있었지만, 식민지 잔재를 없애기 위해 어린이 대공원과 여의도로 옮겨 심었단다.

한 발 한 발 찾아가는 창경궁

옥천교

아직도 금천이 흐르는 곳
옥천교 아래 금천은 현재 남아 있는 다섯 궁궐 중에서 유일하게 자연수가 흐르고 있어. 창덕궁의 옥류천에서 흘러 내려온 자연수가 창경궁의 춘당지를 거쳐 이곳을 지나고 다시 청계천까지 흘러간단다.

숭문당 / 숭문당 현판

영조의 자취를 찾아라!
영조는 성균관 유생들이 지어 올린 시를 숭문당에서 즐겨 읽을 정도로 학문을 소중히 여겼어. '학문을 높여 소중히 여기는 집'이라는 뜻을 담은 숭문당 현판을 영조가 직접 써서 붙인 것을 보면 알 수 있지.

통명전 / 등자쇠

등자쇠는 무엇에 쓰였나?
통명전 문 밖 위를 보면 박쥐 모양을 한 등자쇠가 달려 있어. 이 등자쇠는 문을 접어서 올려 놓는 장치야. 평소에는 문을 닫아 두었다가 문을 올려 놓으면 사방이 뚫려 바람이 잘 통해서 시원하게 지낼 수 있지.

5층석탑

궁궐에 웬 불탑이 있을까?
창경궁 후원에는 불탑인 오층석탑과 팔각칠층석탑이 있어. 그런데 유교를 숭상했던 조선의 궁궐에 왜 불탑이 있는 걸까? 그것은 일제가 조선 왕실의 위엄을 떨어뜨리기 위해 일부러 갖다 놓은 것이야.

양화당

궁궐에 있는 넓은 바위, 그리고 쇠말뚝
양화당과 영춘헌 사이에는 큰 바위가 있어. 이 바위 오른쪽에는 큰 구멍 세 개가 뚫려 있어. 이 구멍은 궁궐로 흐르는 북악산의 정기를 막기 위해 일제 강점기에 일본이 쇠말뚝을 박아 놓은 흔적이라고 해.

비를 맞지 않아도 되는 곳!
명정전의 옆이나 뒤쪽을 보면 다른 궁궐의 정전과는 다른 것이 있어. 그것은 복도야. 복도가 옆과 뒤쪽으로 연결되어 있어서 주변 건물로 비를 맞지 않고도 오갈 수 있단다.

복도지붕

명정전은 누가 지켜 주었을까?
명정전은 조선의 다섯 궁궐의 정전 가운데 가장 오래된 것으로, 지금까지 잘 보존되어 있어. 지붕 위에는 용두와 잡상이 5개 있어. 용두는 잡상의 가장 안쪽에 장식하는 용머리를 말해. 지붕 바깥쪽의 첫 번째 잡상은 대당사부로, 〈서유기〉에 나오는 삼장법사야. 그 다음은 손행자로, 손오공을 말해. 이렇듯 잡상은 〈서유기〉에 나오는 인물이나 땅의 신들을 본뜬 것이지. 이것을 만든 이유는 잡귀나 화마를 물리치기 위해서란다. 이 잡상은 원래 중국에서 시작되었고, 주술적인 의미가 담겨져 있어 홀수로만 세울 수 있었어.

함인정에서 오언절구*를 찾아라!

함인정은 정자야. 보통 정자는 연못이나 개울가에 세우지만 함인정은 넓은 터에 자리잡고 있어서 많은 사람을 만나기 좋았어. 그래서인지 많은 왕들이 편전으로 즐겨 사용했단다. 그런데 안을 들여다보면 동서남북으로 편액이 걸려 있어. 건물 앞 처마 밑에 이름을 써서 붙이는 현판처럼 말이야. 하지만 이 편액에는 건물의 이름이 아니라 시가 쓰여 있단다. 네 개의 편액을 합치면 한 편의 오언절구가 돼. 중국의 시인 도연명의 글로 봄, 여름, 가을, 겨울의 빼어난 경치를 시로 읊은 거야. 모두 찾아보고 그 내용을 음미해 보렴!

*오언절구의 훈은 오른쪽에서 왼쪽으로 읽는단다.(←)

서쪽: 추월양명휘
가을에는 달이 밝고 빛나게 비친다.

동쪽: 춘수만사담
봄에는 물이 사방의 연못에 가득하다.

남쪽: 하운다기봉
여름에는 구름이 기묘한 봉우리에 많다.

북쪽: 동령수고송
겨울에는 고갯마루에 외로운 소나무가 빼어나다.

*오언절구 : 한 구가 다섯 글자로 이루어진 한시, 중국 당나라 때 유행했어.

새로운 나라를 꿈꾸며 꾸민 궁궐

이번에 돌아볼 덕수궁은 세조의 큰 손자인 월산 대군의 집이었어. 임진왜란 때 의주로 피난 갔다 돌아온 선조가 이 집에서 잠시 머물며 정릉동(지금의 정동 일대) 행궁으로 꾸몄지. 왕실 가족이 살기에는 너무 좁았지만, 그렇다고 금방 궁궐을 크게 지을 수 없어서 행궁 주변에 있는 집들을 포함시켜 규모를 넓혀 나갔어.

행궁은 점점 커져서 마침내 지금의 정동 1번지를 거의 차지했어. 그 뒤 창덕궁의 중건이 완성되자, 광해군은 그곳으로 돌아가면서 정릉동 행궁의 이름을 '경운궁'이라고 바꾸었단다. 그 뒤로 경운궁은 오랜 세월 동안 왕이 머물지 않는 궁궐이 되었어.

경운궁에 다시 왕이 살게 된 것은 고종 때야. 명성 황후를 잃은 고종은 원래 경복궁에 살았는데, 정치적인 이유로 잠시 러시아 공사관에 머물렀어. 그 뒤 경복궁으로 돌아가지 않고 경운궁으로 거처를 옮겼고, 이곳에서 근대 국가로서의 새로운 탄생을 의미하는 대한제국의 문을 열지. 황제의 나라를 선포한 거야.

그런데 순종은 고종의 뒤를 이어 황제의 자리에 올랐을 때, 경운궁 대신 창덕궁을 선택해. 그러고는 아버지 고종이 살고 있는 경운궁에 오래 살라는 뜻이 담겨 있는 '덕수'라는 이름을 지어 올렸어. 이때부터 고종이 머물던 경운궁은 덕수궁으로 이름이 바뀌었지.

근대화의 꿈을 담은 석조전

덕수궁의 중화전 왼편에 있는 석조전은 서양 건축 양식으로 지은 건축물이야. 원래의 석조전은 3층짜리 건물로 황제의 생활 공간에서부터 신하들이 머물던 거실, 손님을 맞이하는 접견실 등이 한 공간에 있었어. 이 석조전에는 서구의 문물을 적극적으로 받아들여 대한제국이 세계 여러 나라들과 어깨를 견줄 수 있는 근대국가가 되기를 바라는 고종의 의지가 담겨 있어. 하지만 안타깝게도 이 건물은 대한제국이 강제로 일본에 병합된 1910년에 완성되었기 때문에 궁궐로 쓰이지는 못했어. 일제는 원래의 석조전을 동관이라 하고, 그 옆에 건물을 하나 더 지어 이것을 서관이라고 했어.

고종이 경운궁(당시의 덕수궁 이름) 안에 이런 근대적 건물을 세운 이유는 대한제국이 근대 국가가 되기를 바라서야.

덕수궁의 건물

전통 건축과
서양식 건축이 한곳에!

중명전
덕수궁이 경운궁으로 불리울 때 궁궐에 지어진 최초의 서양식 건축물이야. 중명전은 화재로 크게 훼손되기도 하고, 건물의 주인이 수시로 바뀌는 등 수난을 겪었어.

덕수궁을 둘러보니 다른 궁궐들과 다른 모습을 하고 있어 새롭지만, 우리의 아픈 역사와 함께하는 것 같아 안타까워.

대부분의 궁은 주변 지형을 먼저 살펴보고 좋은 위치를 잡아 궁궐 안의 건물들을 배치했는데, 덕수궁은 개인의 집을 궁으로 사용했기 때문에 건물들의 위치가 궁궐의 규칙에 맞지 않아.

덕수궁의 또 다른 특징은 대한제국 때 쓰인 궁궐이기 때문에 서양식 건물이 많다는 거야. 로코코 양식을 빌려 외국인이 지은 석조전과 철제 난간을 갖춘 정관헌 등이 서양식으로 지어졌지.

이처럼 대한제국의 황궁이었던 덕수궁은 전통적인 우리 건축과 서양식 건축물이 만나는 곳이야.

하지만 지금의 덕수궁은 원래 규모의 3분의 1밖에 되지 않아. 고종이 승하하자 일본은 덕수궁을 마구 훼손시켰지. 궁궐 가운데에 담을 쌓고 궁궐을 반으로 뚝 잘라 버리고 말았단다.

광명문

중화문
정전을 가기 위해서는 중화문을 지나야 하는데 이곳은 보통의 정전으로 가는 문과는 조금 달라. 원래 회랑이라는 담장이 있어야 하는데, 문만 덜렁 서 있지. 일본이 담장을 없애 버렸기 때문이란다.

덕수궁에는 중궁전이 없다고?
보통의 궁궐에는 중전, 즉 왕비가 사용하는 침전인 중궁전이 있어. 그런데 덕수궁에는 왕비의 침전이 없어. 왜냐하면 고종 황제가 덕수궁으로 옮겨 왔을 때는 이미 명성 황후를 잃었을 때였고, 이후 다시 왕비를 맞이하지 않아서 왕비가 지낼 공간을 마련할 필요가 없었기 때문이지.

중화전
덕수궁의 정전이야. 다른 궁의 정전과 달리 이름 가운데에 '정'자 대신 '화'자가 들어 있어. 고종이 대한제국이라는 국호를 쓰면서 사용한 궁이어서 돌림자를 쓰지 않았기 때문이야. '중화'는 치우침 없이 올바른 상태를 뜻해.

권역배치도
현재 덕수궁과 원래 덕수궁을 비교해 보자!

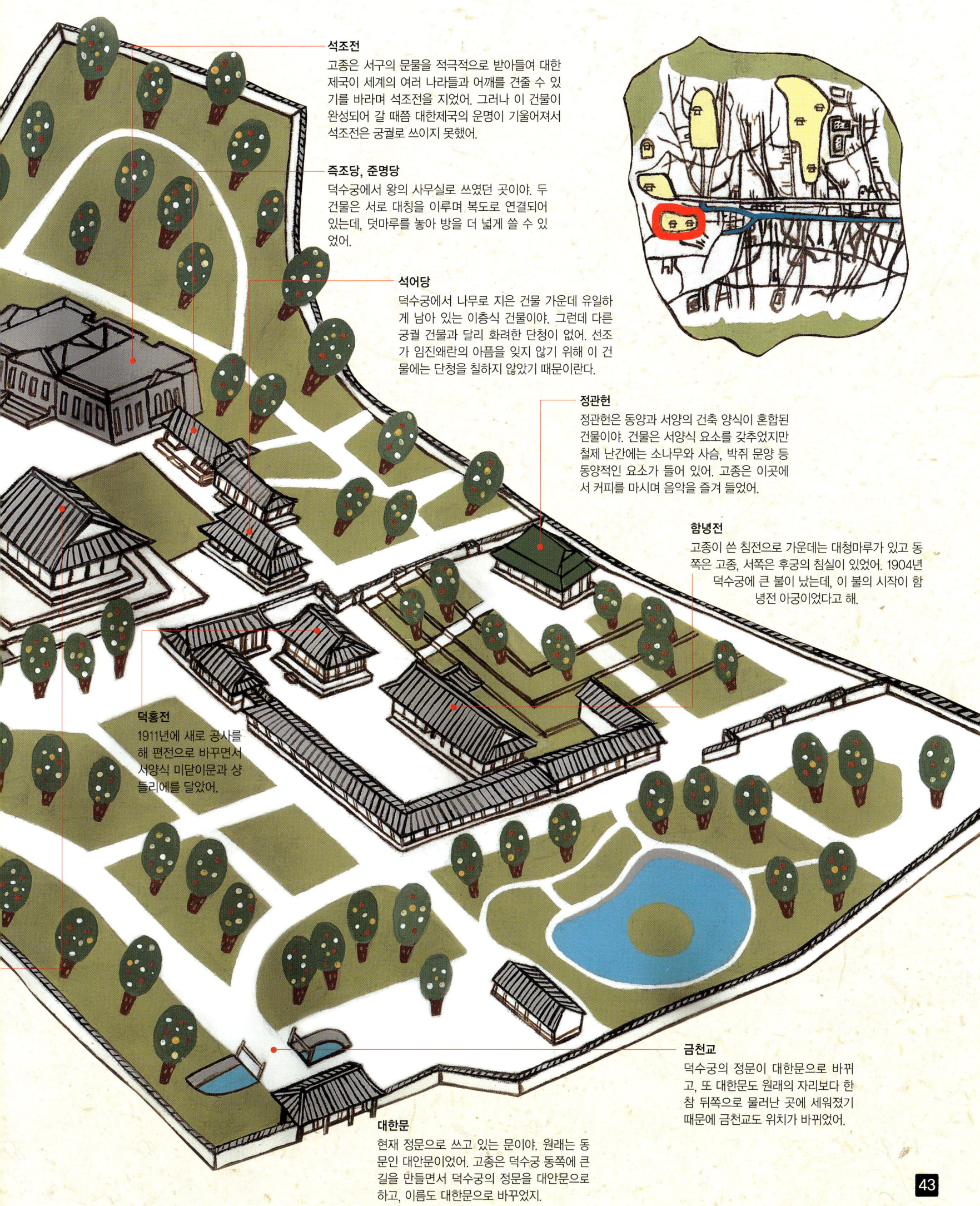

덕수궁에서는 어떤 일이 있었을까?

백성 대한문에서 고종의 죽음을 슬퍼하다

고종(조선 26대 왕)이 갑자기 세상을 떠나자 백성들은 분노했어. 특히 일본에 의해 고종이 독살되었을지도 모른다는 얘기가 나오자 우리 민족의 울분은 하늘을 찌를 듯했지. 1919년 3월 1일, 서울 태화관에서 민족 대표 33인이 모여 독립선언문을 낭독하였고, 고종이 살았던 덕수궁 대한문 앞 넓은 광장에는 흥분된 백성들의 만세 소리가 드높았어.

인목 왕후 석어당에서 광해군을 폐위시키다

선조(조선 14대 왕)는 어린 영창 대군에게 왕위를 물려주려고 했어. 이미 광해군이 세자가 되었는데도 말이야. 그런데 영창 대군이 세 살 되던 해 선조가 갑자기 세상을 떠나는 바람에 광해군이 왕위에 올라. 광해군을 따르는 신하들은 왕위 계승의 정통성에 문제가 생길 것을 염려하여 어린 영창 대군을 강화도로 유배 보내 죽여. 그리고 영창 대군의 어머니인 인목 왕후도 석어당에 가두어 버려. 하지만 광해군은 왕위에 오래 있지 못했어. 광해군을 반대하던 사람들이 반정을 일으켰거든. 그 뒤 인목 왕후는 석어당에서 광해군을 폐위*시키지.

*폐위 : 왕이나 왕비를 자리에서 내쫓음.

고종 중명전에서 조약서 날인에 반대하다

1905년 11월 15일, 이토 히로부미는 지금의 중명전이었던 수옥헌으로 고종 황제를 만나러 가. 그곳에서 이토는 고종에게 대한제국의 외교권을 일본에게 넘긴다는 문서를 전달했어. 고종은 일본이 제시한 조약에 서명할 수 없다고 버텨. 하지만 이틀 후 이완용 등이 적극 찬성함으로써 조약은 체결되고 말지. 수옥헌은 대한제국의 아픈 역사와 함께한 곳이야.

덕혜 옹주 준명당에서 잠시나마 교육을 받다

덕혜 옹주는 하나밖에 없는 고종의 딸로 고종의 사랑을 듬뿍 받았어. 고종은 준명당에 옹주의 교육을 위한 유치원까지 만들 정도였어. 하지만 황족은 일본에서 교육시켜야 한다는 명목 하에 덕혜 옹주는 일본으로 유학을 가. 어린 나이에 가족을 떠난 덕혜 옹주는 일본에서 늘 불안한 나날을 보내. 아주 오랜 시간이 흐른 후, 아픈 몸으로 고국에 돌아온 덕혜 옹주는 창덕궁 낙선재에서 살다 세상을 떠났어.

고종 　중화전 황제 양위식에 불참하다

고종이 아들 순종에게 황제 자리를 넘겨준 것은 건강이 나빠서도 아니었고, 갑자기 세상을 떠나서도 아니었어. 을사늑약의 부당함을 알리기 위해 헤이그에 밀사를 파견한 일이 드러나자 일본은 고종에게 황제의 자리에서 내려오라고 한 거야. 일본이 강제로 밀어붙인 황제 양위식은 고종과 순종이 참석하지 않은 채 중화전에서 진행되었단다.

고종 　덕홍전에서 나랏일을 보다

1911년 덕홍전 공사를 맡았던 신하가 고종을 찾아와서 덕홍전을 서양식으로 꾸미자는 의견을 내놨어. 고종은 잠시 망설였어. 명성 황후의 책봉식이 이뤄졌던 덕홍전은 고종에게 남다른 의미가 있었거든. 하지만 고종은 이내 승낙을 했고, 덕홍전은 서양식 샹들리에와 마루, 커튼, 서양식 미닫이문 등으로 꾸며졌어. 고종은 덕홍전에서 나랏일을 보았는데, 특히 대한제국의 독립을 꿈꾸며 외국 사신을 만나는 일이 많았어.

고종 　함녕전에서 세상을 뜨다

독립하려는 의지를 굽히지 않았던 고종은 일본의 위협에 늘 불안해했어. 음식에 독을 타지 않았는지 살폈고 자객이 들까 봐 잠자리도 수시로 바꾸었지. 고종의 침실인 함녕전에는 여러 개의 방이 있었는데, 고종은 밤마다 이 방 저 방 돌아다니며 잠을 잤다고 해. 그런데 공교롭게도 고종이 세상을 떠나던 날 친일파 이완용과 이기용이 숙직을 했어. 고종이 독살되었는지 아니면 다른 이유 때문에 죽었는지는 함녕전만이 알고 있을 거야.

고종 　정관헌에서 커피를 즐기다

러시아 공사 베베르의 권유로 처음 커피를 마신 고종은 커피에 푹 빠졌어. 이후 1년간 러시아 공사관 생활을 하면서 커피 애호가가 된 고종은 덕수궁으로 돌아와서도 정관헌에서 커피를 즐겼지. 그런데 통역관으로 있던 김홍륙이 고종에게 앙심을 품고, 커피에 독을 타서 암살을 시도하는 일이 생겼어. 고종은 평소 커피 향부터 즐겼는데, 이날따라 냄새가 다르다는 것을 알고는 먹지 않았어. 하지만 세자는 모르고 커피를 마셨다가 건강을 해치고 말았지.

대한제국 이야기

황제의 나라로 선포하노라!

명성 황후를 잃은 고종은 얼마나 슬펐을까? 그래서 더 이상 경복궁에 머무를 수 없었을 거야. 고종은 경복궁을 빠져나와 러시아 공사관으로 피신을 했어. 친일파들은 다시 경복궁으로 데려오려 했지만 고종은 말을 듣지 않았지. 오히려 경복궁이 아닌 러시아 공사관 근처에 있는 경운궁(지금의 덕수궁)으로 환궁을 했어.

1897년 10월 12일에 새로 지은 환구단에서 하늘에 제사를 지낸 뒤 황제의 자리에 올랐어. 연호를 광무로 정하고 국호를 대한제국으로 고쳤지.

대한제국은 나라의 힘을 키우기 위해 여러 가지 개혁 정책을 추진했지만, 이미 우리나라를

대한문에서 환구단으로 향하는 행렬

1897년 10월 12일 새벽. 고종은 신하들과 함께 국새를 황금색 가마에 싣고 환구단으로 향했어. 하늘에 제사를 지내기 위해서였지. 이는 조선이 중국과 대등한 자주 국가임을 선포하는 것이었어. 환구단에 도착한 고종은 하늘과 땅의 신에게 제사를 지내고, 황색 곤룡포를 입고 금색 의자에 앉아서 국새를 받았어. 이렇게 황제의 복장을 한 고종은 대한제국이 황제의 나라임을 선포했단다.

집어삼키려는 열강들의 욕심을 막을 수가 없었어.
　특히 러시아와 일본은 우리나라를 서로 차지하려고 전쟁을 벌였어. 그 전쟁에서 승리한 일본은 본격적으로 대한제국을 빼앗으려고 했어. 대한제국에 있는 토지를 일본이 군사적으로 필요하다고 하면 무조건 내어 줘야 한다는 조약을 맺었고, 외교권도 가져갔어. 순종이 황제가 된 후에는 대한제국의 행정과 사법에 대한 모든 일을 통감부 감독 아래 두는 조약을 맺었지.
　그리고 마침내 1910년 8월 22일 한일강제병합이 발표되었고 이로서 대한제국의 문은 닫히고 말았어.

환구단
고종의 황제 즉위식과 제사를 지낼 수 있도록 옛 남별궁 자리에 세운 제단이야. 환구단에는 기울어 가는 나라의 운명을 바로 세우고, 또 다시 일어서기를 바라는 고종의 마음이 담겨 있어.

한 발 한 발 찾아가는 덕수궁

하마비

말에 내려야 하는 곳은 어디에?
하마비에 쓰여 있는 '대소인원개하마(大小人員皆下馬)'라는 문구는 '신분이 높거나 낮거나를 상관하지 않고 모두 이곳에서 말이나 가마에서 내리라.'는 뜻이야. 덕수궁 안에도 이 하마비가 있단다. 원래 대한문 밖에 있었지만, 지금은 금천교 왼편에 놓여 있지.

광명문

문은 문인데, 지나갈 수 없는 문은?
바로 광명문이야. 함녕전의 정문이었지만 지금은 문 역할 대신 전시 공간 역할을 하고 있어. 이곳에는 흥천사 종과 자격루의 일부 그리고 조선 초기의 로켓 병기인 중소 신기전의 발사 장치가 전시되어 있어.

정관헌 기둥의 박쥐 모양

정관헌

황금 박쥐를 찾아라!
박쥐는 복을 상징하는 동물이야. 그래서 정관헌의 기둥에 황실에 행복이 가득하라는 뜻을 담아 박쥐를 장식했어. 정관헌의 철제 난간을 자세히 보면 박쥐 4마리, 기둥 위에 박쥐 한 마리가 더 장식되어 있으니 찾아보렴.

함녕전

아궁이를 찾아라!
함녕전이 침전이다 보니 난방을 위한 온돌 장치가 설치되어 있었어. 아궁이는 동쪽과 서쪽 벽에 두 개씩 있고, 이 아궁이의 굴뚝은 함녕전과는 조금 거리가 있는 정원에 벽돌로 예쁘게 만들어 놓았지.

꽃담

창신문

석류문

유현문

용덕문

네 개의 문을 찾아라!
정관헌 서쪽에서 덕홍전 서쪽의 행각까지 이어지는 꽃담에는 창신문, 유현문, 용덕문, 석류문이 나란히 놓여 있어. 특히 유현문은 세 개의 문과 다르게 무지개 문으로 되어 있고 용과 학이 새겨져 있어.

석어당

고종이 직접 쓴 석어당의 현판

중명전

고종의 글씨를 찾아라!

중화전 건립 후 편전으로 쓰인 즉조당과 석어당에는 고종의 흔적이 남아 있어. 석어당에 걸려 있는 2개의 현판 가운데 아래층의 현판과 즉조당의 현판은 고종이 직접 쓴 현판이야. 특히 석어당의 현판은 겉에서는 잘 안 보이니 건물 가까이 가서 찾아보렴.

궁 안에 없는 궁궐의 전각

궁궐에 있는 최초의 서양식 건물인 중명전은 일제 강점기 때 훼손당하면서 궁 밖으로 밀려나고 말았어. 겨우 2007년에야 덕수궁으로 편입되었지만, 여전히 덕수궁 돌담길 밖에 위치하고 있지.

중화전에 숨어 있는 황제 나라의 표식을 찾아라!

조선의 궁궐 답도에는 봉황이 새겨져 있는데 덕수궁의 답도 한가운데에는 용 두 마리가 새겨져 있어. 중화전이 대한제국의 황제가 머물던 황궁이었기 때문에 황제를 상징하는 용을 새겼지. 또 중화전 천장에도 용 두 마리가 날고 있고, 황제가 앉아 있던 어좌에도 용머리가 장식되어 있어. 봉황보다는 용을 높게 여겼거든. 이곳이 황제의 공간임을 나타내는 또 다른 특징이 있어. 바로 황금색을 칠한 문이야. 황금색은 황궁의 특징이지. 중화전에 가면 이런 특징들을 모두 찾아보렴.

황금색 창호

천장의 용 두 마리

용이 새겨진 답도

용이 장식된 어좌

경희궁

위풍당당했던 조선의 3대 궁궐

자, 이제 조선의 마지막 궁궐을 돌아보자!

굳이 마지막이라는 말을 한 것은 경희궁이 조선의 다섯 궁궐 가운데 가장 늦게 만들어지기도 했지만, 지금 현재의 모습 때문이야. 경희궁은 일제 강점기를 거치면서 거의 모든 것이 다른 곳으로 옮겨지거나 허물어져 버렸어. 그러다 1980년대 발굴 조사를 통해 흥화문, 숭정전, 태령전, 자정전, 서암 등 경희궁의 일부가 겨우 복원되었지.

하지만 예전 경희궁은 경복궁, 창덕궁과 더불어 조선의 3대 궁궐이라고 할 만큼 웅장했단다.

경희궁은 원래 광해군의 이복동생인 이부의 집이었는데, 왕의 바위가 있다는 얘기를 듣고 광해군이 이곳에 경희궁을 지었어. 그 뒤 효종부터 철종에 이르는 10여 명의 왕이 경희궁에서 지내며 나랏일을 보았지.

경희궁은 창건 당시에는 경덕궁이라 불렸어. 그 이름을 영조가 경희궁으로 바꾸고, 재위 기간의 절반을 이곳에서 보낼 만큼 경희궁을 아꼈어. 이렇듯 경희궁은 280여 년 동안 서궐로 있으면서 동궐인 창덕궁, 창경궁과 더불어 조선의 양대 궁궐 자리를 지켜왔어.

지금의 경희궁을 보면 원래의 모습은 짐작도 할 수 없을 거야. 그나마 복원 작업을 통해 몇몇 건물들이 다시 세워진 것이 다행이지.

이곳에서 가장 오래 산 왕은 조선의 21대 왕인 영조란다.

숭정전

숭정전은 경희궁의 정전으로 국왕이 신하들과 조회를 하거나 궁중 연회, 사신 접대 등 공식 행사가 행해진 곳이야. 특히 경종, 정조, 헌종은 이 숭정전에서 즉위식을 올렸어. 숭정전은 두 층으로 된 월대 위에 단층 지붕으로 아담하게 세워져 있는데, 경희궁이 처음 지어졌을 때 별궁의 성격이 강했기 때문에 단층 지붕으로 지어진 거야.

현재 경희궁에 있는 숭정전은 새로 복원된 것인데, 돌계단의 답도와 서수는 유일하게 예전 그 모습을 간직하고 있어. 경희궁을 발굴할 때, 돌계단의 답도와 서수 등이 발굴되었거든. 그래서 유독 그 부분의 돌 색깔이 거무튀튀해 보여.

경희궁 숭정전

동국대학교 정각원

숭정전이 두 개나 있다고?

원래의 숭정전은 일제 강점기 때 훼손당했어. 처음에는 일본인들의 절인 조계사에 팔렸다가 나중에 동국대학교 내로 옮겨져 정각원으로 사용되고 있지. 경희궁을 복원할 때 정각원으로 사용되고 있는 숭정전을 다시 옮겨 오려고 했어. 하지만 나무와 석재들이 너무 낡아서 옮길 수 없었어. 그래서 정각원은 그대로 두고, 새 건물을 원 위치에 다시 짓기로 한 거야. 그러니까 동국대학교 내의 정각원이 원래 경희궁에 있던 숭정전이고, 지금 경희궁 안에 있는 숭정전은 새로 지은 것이란다.

경희궁의 건물

웅장했던 모습은 어디로?

〈서궐도안〉을 보니 경희궁이 이렇게 많은 건물들이 자리하고 있던 궁궐이라는 게 믿어지지 않을 정도야.

이처럼 경희궁은 정전, 침전, 동궁 등을 모두 갖추고 있는 커다란 궁궐이었어. 특히 조선 중기와 후기에 궁궐로서 제 몫을 다했어.

하지만 경복궁이 중건된 후 경희궁은 거의 쓰이지 않았어. 고종 때 경복궁을 정궁으로 삼고 창덕궁과 창경궁을 이궁으로 썼기 때문이지. 이때까지만 해도 경희궁은 제 모습을 잃지는 않았어.

그러나 대한제국이 선포되고 고종이 순종에게 황제의 자리를 물려주자, 경희궁은 일제에 의해 파괴되기 시작했어. 건물이 옮겨지고 허물어지는 아픔을 겪으면서 경희궁은 거의 사라지다시피 했지.

지금은 일부가 복원되어 조금이나마 모습을 되찾았단다.

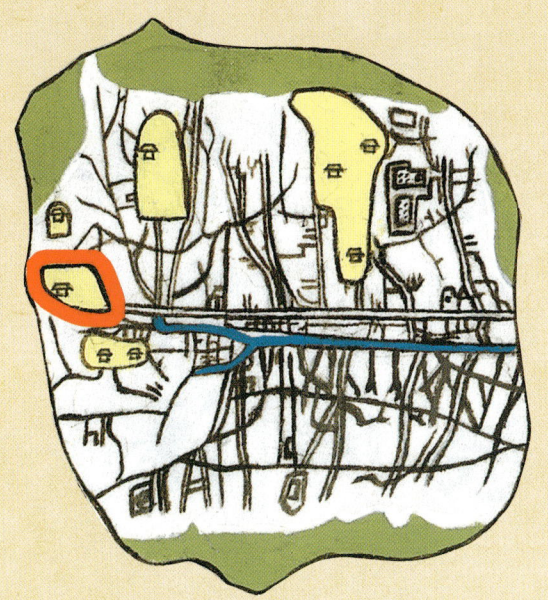

서궐도안 복원도 ⓒ 파인 민화 연구소

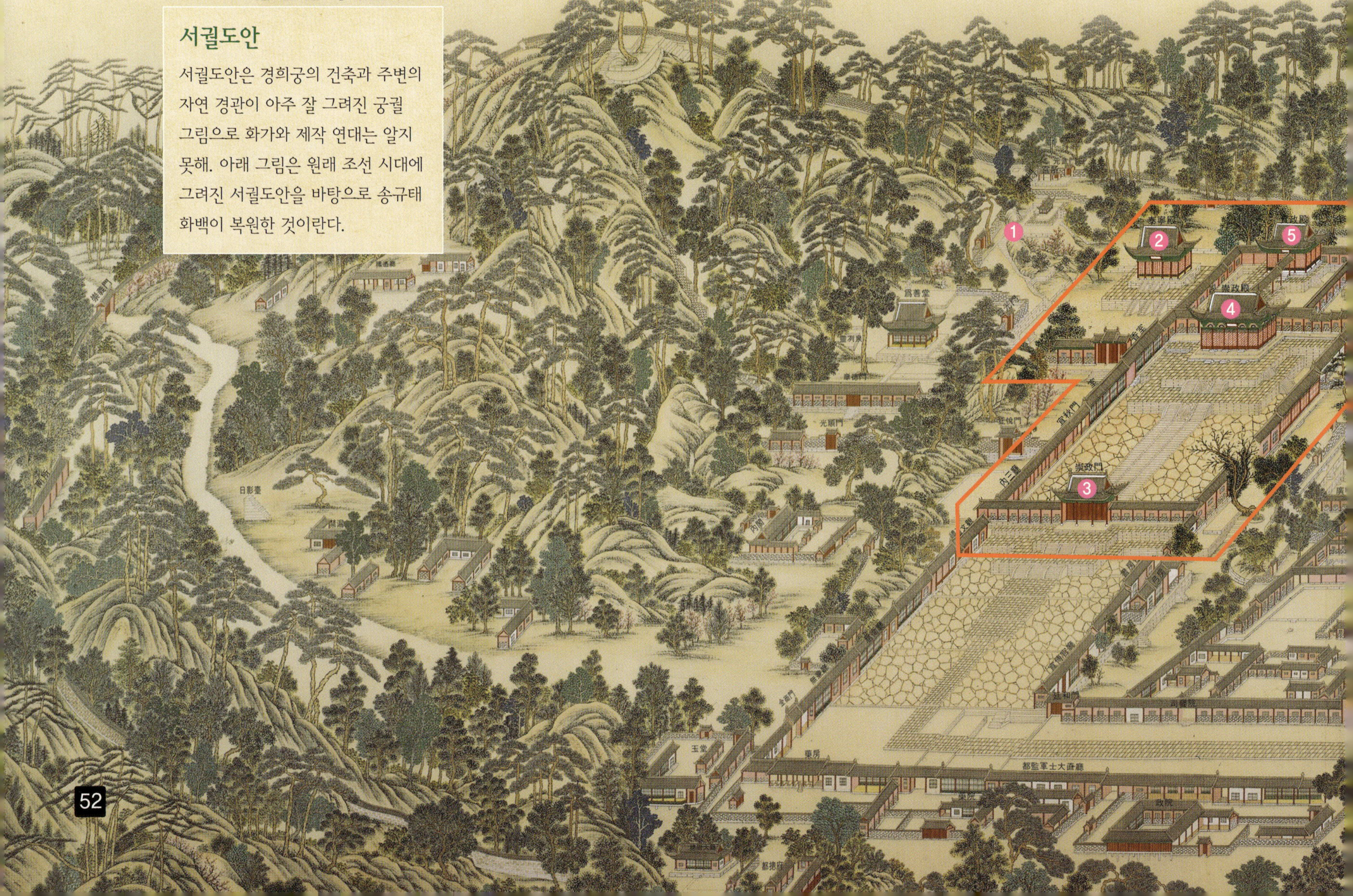

서궐도안
서궐도안은 경희궁의 건축과 주변의 자연 경관이 아주 잘 그려진 궁궐 그림으로 화가와 제작 연대는 알지 못해. 아래 그림은 원래 조선 시대에 그려진 서궐도안을 바탕으로 송규태 화백이 복원한 것이란다.

❶ 서암
태령전 뒤에 있는 기이한 모양의 바위야. 원래 임금님 바위라는 뜻의 왕암이라고 불렀어. 바위 아래에는 샘이 솟는 암천이 있는데 동그랗게 파여 있는 홈을 통해 숭정전 서쪽 행각 옆 개울로 흘러 내려가.

❷ 태령전
월대가 2단인 것으로 보아 중요한 인물이 사용했던 것 같지만 특별한 용도는 없었어. 영조의 어진이 그려지자 그것을 태령전에 보관했어. 태령전 뒤에는 계단이 담장처럼 둘러쳐 있고 화계로 꾸며져 있어.

❸ 숭정문
정전인 숭정전으로 들어가는 숭정문은 단층으로 지어졌어. 하지만 2층의 계단을 통과해야 해. 숭정문이 지형이 높은 곳에 세워져 있었기 때문에 계단을 2층으로 만들었어.

❺ 자정전
편전인 자정전도 복원을 통해 우리와 만나고 있어. 발굴 때 행랑의 바닥으로 추정되는 전돌이 발견되었는데, 이것을 그대로 복원해 놓았단다.

❹ 숭정전
경희궁의 정전이야. 남은 건물을 놔두고 원래 있던 자리에 복원되었어. 그중 월대의 답도와 서수는 경희궁을 발굴할 때 발견된 것으로 숭정전을 복원할 때 사용했단다.

❻ 흥화문
경희궁의 정문으로 400년 전 광해군 때 세워졌단다. 1915년 도로 공사를 하면서 남쪽으로 옮겨졌다가 일본인의 절 박문사의 문으로, 또 신라 호텔의 정문으로 있었어. 그러다 경희궁을 복원하면서 지금의 자리로 옮겨왔지. 하지만 이미 높은 건물들이 자리 잡고 있어서 원래 자리는 찾지 못했단다.

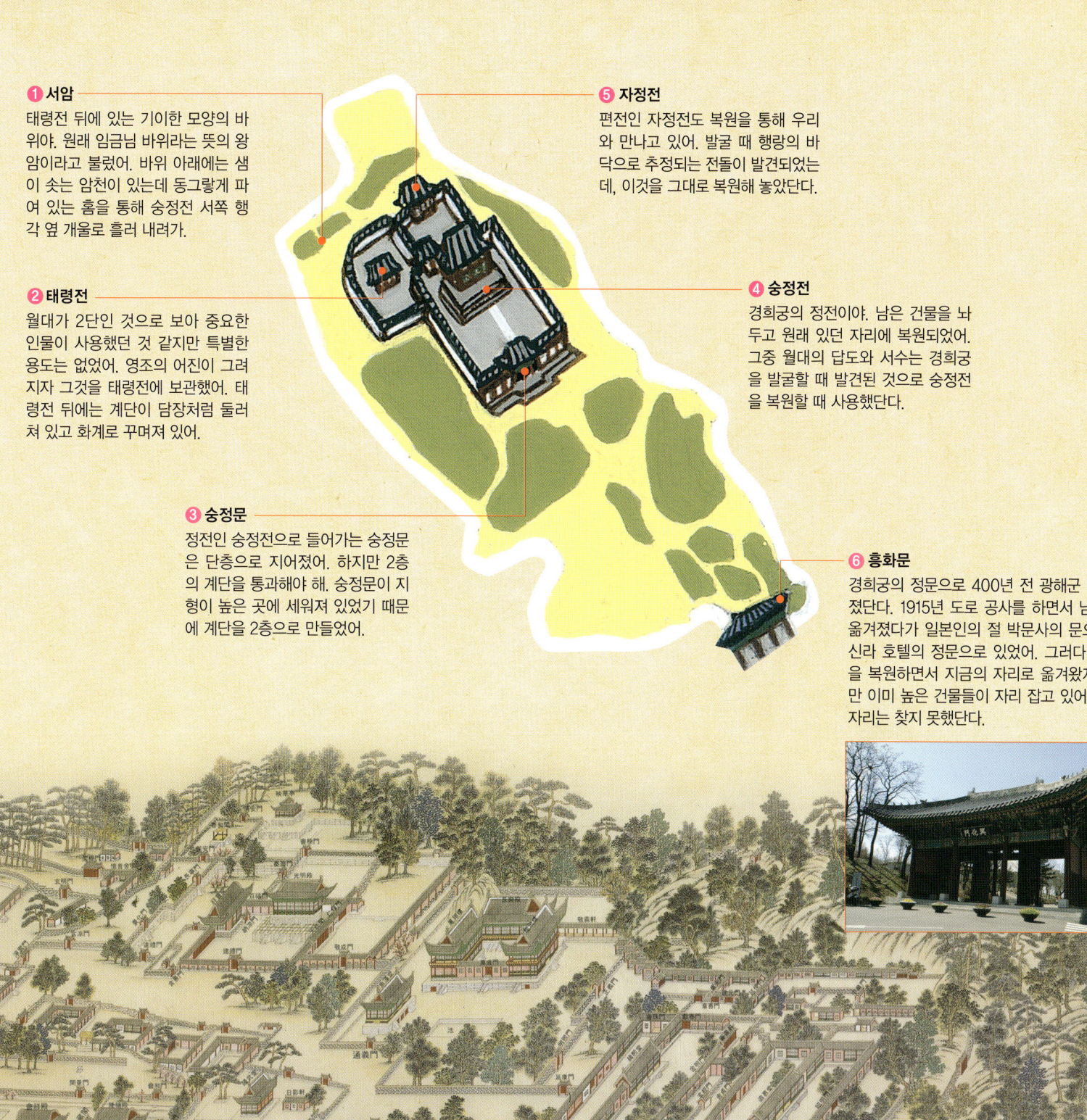

경희궁에서는 어떤 일이 있었을까?

광해군 왕암 주위에 경희궁을 짓다

광해군(조선 15대 왕)은 왕의 기운이 서린 왕암(서암)이 있다는 소문을 듣고 그 집을 빼앗아 경희궁을 지어. 광해군은 정통성 문제로 자기를 인정해 주지 않는 정치적인 상황 속에서 왕권을 강화하기 위해 경희궁을 건립하는 데 심혈을 기울였어. 하지만 결국 왕권을 제대로 발휘하지 못하고 인조 반정으로 쫓겨나고 말았지.

정조 숭정전에서 즉위식을 올리다

1776년 3월 10일 정조는 숭정전에서 즉위식을 올렸어. 왕이 된 정조의 첫 마디는 자신은 사도 세자의 아들이라는 것이었어. 이 말을 들은 노론 세력들은 등골이 오싹했어. 왜냐하면 사도 세자를 죽음에 이르게 한 인물들이었기 때문이야. 숭정전에서 즉위식을 올린 정조는 당파가 없는 조선, 백성이 잘 사는 조선, 강력한 왕권을 가진 조선을 꿈꾸며 개혁 정치를 펼쳐 나갔어.

영조 태령전에 자신의 어진을 걸다

영조는 아버지의 시호*가 경덕이라는 이유 때문에 경덕궁의 이름을 경희궁으로 바꾸었어. 영조는 나라를 다스리던 시기의 절반을 보낼 만큼 경희궁을 아꼈어. 경희궁의 태령전에는 영조의 어진(왕의 초상화)이 보관되어 있어. 보통 임금이 돌아가신 후에 어진을 모셔 놓은 전각은 있었어도 살아 있는 임금의 어진을 모신 전각은 태령전이 유일해. 태령전은 영조의 혼전*으로도 사용되었어.

*시호 : 왕이나 왕비를 비롯해 벼슬한 사람이나 선비들이 죽은 뒤에 그의 행적에 따라 왕으로부터 받는 이름.
*혼전 : 왕의 장례를 마친 뒤, 종묘에 신위가 모셔지기 전까지 신위를 모셔 두었던 곳.

순조 회상전에서 숨을 거두다

정조의 둘째 아들로 태어난 순조는 11살 어린 나이에 왕이 되었어. 너무 어렸기 때문에 영조의 비 정순 왕후가 수렴청정*을 하게 되었지. 정순 왕후는 나랏일을 좌지우지했어. 훗날 순조가 다시 나랏일을 보려 했지만, 이미 왕권은 약해진 뒤였고, 나라의 기강이 흔들리고, 백성들은 점점 살기 힘들어졌어. 순조는 45세의 나이로 경희궁 회상전에서 승하했어. 회상전은 순조의 마지막을 함께 한 곳이야.

*수렴청정 : 나이 어린 왕이 어른이 될 때까지 왕대비나 대왕대비가 나랏일을 대신했던 것.

숙종 자정전에서 장례를 치르다

숙종(조선의 19대 왕)은 경희궁의 회상전에서 태어났어. 숙종 때는 붕당* 정치가 심했지만, 전쟁이 없어서 다른 때보다 사회적으로는 안정적이었어. 숙종이 세상을 떠나려고 하자 군사들은 경희궁을 에워쌌고, 중전은 왕의 마지막을 지켜볼 가족들을 불렀지. 숙종이 세상을 떠나자, 경희궁의 자정전을 숙종의 빈전으로 사용했어. 빈전은 장례를 치르기 전까지 왕이나 왕비의 관을 모시던 건물이야.

*붕당 : 학문적으로나 정치적으로 뜻을 같이 하는 양반들이 모여 구성한 집단.

인조 왕암에서 왕의 기운을 얻다

광해군의 이복동생인 이부의 집에는 소문난 명물이 하나 있었어. 왕의 기운이 서려 있다는 왕암이었지. 광해군은 이 소문을 듣고 이부의 집을 빼앗아 경희궁을 지었어. 하지만 결국 인조 반정으로 쫓겨나고 인조가 임금이 돼. 그런데 인조는 경희궁의 원래 주인이었던 이부의 맏아들이었지. 인조가 왕이 된 것은 이 왕암에 서린 왕의 기운 때문이었을까?

경종 집경당에서 건강을 찾다

숙종(조선의 19대 왕)의 맏아들로 태어난 경종(조선의 20대 왕)은 14살 어린 나이에 어머니의 죽음을 지켜봐야 했어. 사약을 먹고 죽음을 당한 어머니 때문에 경종은 정신적으로 큰 충격을 받았고, 그 뒤 건강이 몹시 나빠졌어. 한번은 경종이 심하게 아팠는데, 이때 회상전 서쪽에 있는 조연당에서 병을 회복하게 되었어. 숙종은 세자의 병이 나은 것을 기뻐하며 조연당의 이름을 집경당으로 바꾸어 불렀단다.

고종 황학정에서 시름을 달래다

고종은 복잡한 마음을 털어내기 위해 황학정으로 가 활시위를 당겼지. 서구 열강의 침입이 심해지고 러시아와 일본 등이 조선을 삼키려는 야욕들을 드러내면서 고종은 점점 어려움에 처하게 되었어. 기울어 가는 조선의 운명을 다시 일으킬 수 있는 힘이 자신에게 없다는 점이 더 힘들었을 거야. 고종은 자신의 시름과 걱정을 화살에 담아 날려보내려는 듯 가끔 황학정에서 활을 쏘며 피로를 풀었어.

뿔뿔이 흩어지고 사라지고!

조선 시대 궁궐은 왕이나 왕실 가족이 사는 곳일 뿐만 아니라 나라의 중심이었어. 백성들은 궁궐을 보며 나라의 강성함을 느끼며 왕실에 대한 존경의 마음을 가졌지. 일본은 그런 궁궐을 훼손함으로써 자신들이 조선을 지배하고 있다는 것을 보여 주려고 했어. 또 백성들에게 조선의 왕실이 더 이상 존재하지 않고 있다는 것을 알려 줌으로써 백성들을 무기력하게 만들려고 했지.

그런 일제 정책의 가장 큰 희생양이 바로 경희궁이었어. 일제는 경희궁 안에 일본인 자녀들이 다닐 중학교를 세우는 것을 시작으로 경희궁을 망가트리기 시작했어. 원래 있던 건물들을 대부분 철거했고, 지형이 높은 곳은 깎아 버리고, 낮은 곳은 메꾸어 버리는 등 철저하게 경희궁을 훼손시켰지. 또 경희궁의 동편에 새로운 건물들을 지으면서 원래 궁궐의 모습을 대부분 망가뜨리지.

이렇듯 철저하게 파괴된 경희궁은 1920년대를 지나면서 거의 흔적도 없이 사려져 버리고 말았어.

서궐도안의 경희궁은 어마어마한 모습을 간직하고 있는데, 그에 비해 현재 경희궁은 쓸쓸함이 느껴질 정도로 옹색하게 자리잡은 것이 몹시도 안타깝구나!

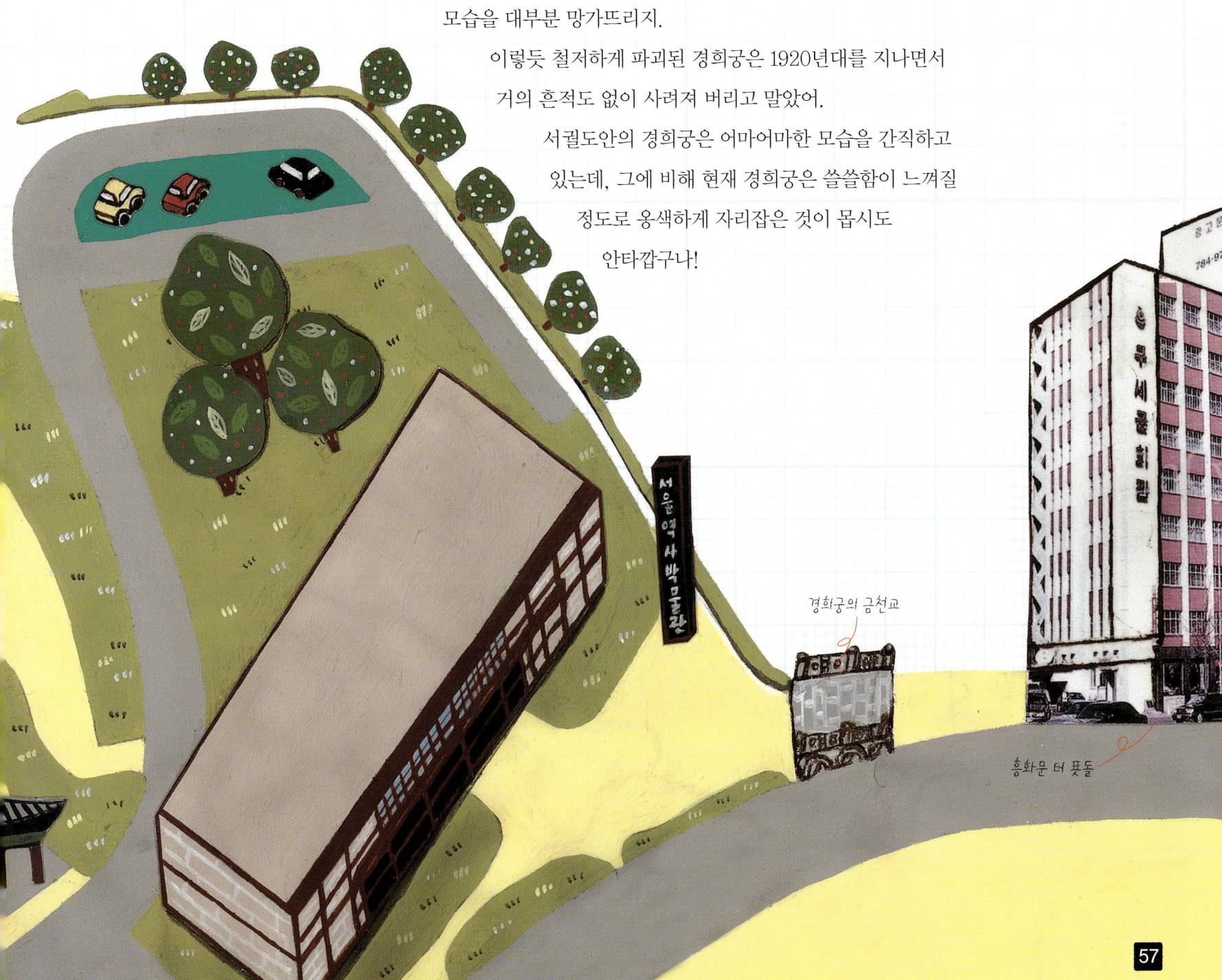

경희궁의 금천교

흥화문 터 툇돌

한 발 한 발 찾아가는 경희궁

흥화문 현판

흥화문

흥화문 현판에서 빛이 난다고?
흥화문에는 임금이 덕을 베풀어 백성을 교화한다는 뜻을 담고 있는 현판이 있어. 그런데 이 현판의 글씨는 매우 뛰어나 밤에도 빛을 발했다는 이야기가 전해져. 그래서 경희궁을 야주개 궁궐이라고 부르기도 했단다.

영렬천

궐 밖에 있는 우물 찾기
경희궁의 영렬천은 사계절 마르지 않은 것으로 유명했어. 그런데 경희궁이 복원될 때 영렬천은 경희궁 내에 포함되지 않았어. 대신 수풀이 우거진 채로 초라한 모습을 하고 있지. 태령전이 있는 궐 밖 건너편 산책로 왼편에 영렬천이 숨어 있단다. 바위에 새겨진 글씨는 선조가 쓴 것이라고 해.

부시

현판 아래 그물의 용도는 뭘까?
숭정문과 숭정전 처마를 보면 부시라는 그물이 쳐져 있어. 이런 부시는 궁궐의 주요한 건물에 대부분 설치되어 있지. 그 이유는 뭘까? 새들이 건물 처마 밑에 둥지를 틀지 못하게 하려는 거야. 새둥지가 있으면 어린 새나 알을 먹기 위해 뱀이 오를 수도 있거든. 또 단청이 벗겨지거나 더러워지는 것을 막기 위해 만들어 놓은 것이란다.

서암

서암에서 왕의 기운을 느껴 봐!
서암 또는 왕암이라고 부르는 바위에는 왕의 기운이 서려 있다고 해. 특히 서암 아래에는 암천이 있는데, 그 앞으로는 물이 흐르는 길을 만들어 놓았어. 암천에서 나오는 물은 이 길을 통해 숭정전 서쪽 행각 옆 개울로 흘러간단다. 경희궁에 가면 그 바위에 서서 왕의 기운을 한번 느껴 보렴.

숭정전 행각

지형에 따라 뒤로 갈수록 높아지는 행각
숭정전 양 옆의 행각은 뒤로 가면 갈수록 점점 높아져. 점점 높아지는 지형을 따라 지어졌기 때문이란다.

자정전

자정전 옆 전돌

옛날에 쓰던 전돌을 찾아라!
경희궁의 편전이었던 자정전을 복원하면서 행랑의 바닥으로 추정되는 전돌이 발견되었어. 이 전돌을 발굴 당시 모습 그대로 자정전 옆에 복원해 놓았지.

융복전과 회상전 터
경희궁 동북쪽 왕과 왕비의 침전인 융복전과 회상전이 있던 자리에는 일제가 만든 방공호가 설치되어 있어. 방공호는 현재 큰 철문으로 닫혀 있단다.

경희궁의 흔적을 찾아라!

황학정
1898년에 고종의 명으로 경희궁의 회상전 북쪽에 지은 건물이야. 그런데 1922년 일제가 지금 자리인 사직동으로 옮겨 놓았지. 현재는 사직공원의 옛 등과정 자리에 있어.

경희궁은 일제 강점기 때 제 모습을 다 잃어버렸어. 그러다 경희궁지에 대한 발굴이 시작되어 숭정전 등 정전 지역을 복원했지. 그런데 예전 모습을 그대로 간직한 채 발견된 것들이 있어. 현재 경희궁에 있는 숭정전은 새로 지은 것인데, 돌계단의 답도와 서수는 유일하게 예전 그 모습을 간직하고 있어. 돌계단의 답도와 서수 등이 땅에 묻혀 있는 채 발굴되었거든. 서울역사박물관 앞에 있는 금천교에도 예전의 모습을 찾을 수 있어. 금천교 난간의 기둥 아래 불쑥 튀어나온 돌짐승이 그것이야. 그래서 유독 색깔이 검단다. 그 외에도 경희궁의 옛모습을 간직하고 있는 것들은 무엇이 있을까? 한번 찾아보렴.

금천교의 동물상

숭정전의 답도와 서수

흥화문터

역사가 살아 숨쉬는 우리 궁궐

    지금까지 조선의 궁궐을 잘 돌아보았니?
    조선의 시작을 함께한 조선 제일의 궁궐 경복궁, 자연과 더불어 살아온 우리 조상들의 아름다운 마음을 느끼게 해 주는 창덕궁, 조선 왕실의 효심을 보여 준 창경궁, 대한제국의 역사와 함께한 덕수궁, 아픔을 간직하고 대부분 사라져 버린 경희궁!
    이 다섯 개의 궁궐이 조선 시대를 대표하는 궁궐이야.
    넓은 조정에서 즉위식을 올리고 백성들의 소리에 귀기울이기 위해 정문에서 백성들을 만났던 임금님.
    왕자를 낳고 기뻐하며 왕실의 어른들에게 매일 아침 문안 인사를 드리던 왕비.
    다음 세대의 왕으로서 제 역할을 다하기 위해 공부에 열중하던 세자.
    자신들의 당파를 위해 논쟁을 아끼지 않았던 신하들.
    밤낮없이 궁궐 문을 지켰던 수문장.
    나랏일을 보는 임금님의 건강을 챙겼던 내의원과 장금이들.
    이들이 우리 궁궐과 함께해 온 사람들이야.
    궁궐 입구를 지키고 있는 커다란 나무, 연못 속의 연꽃, 왕이 오르는 돌계단의

지금까지 우리는 조선의 다섯 궁궐을 꼼꼼히 돌아보았어. 나와 함께한 궁궐 여행은 재미있었니?

답도와 서수, 광화문의 해치상, 처마 밑에 쳐 있는 그물인 부시, 건물 지붕에서 나쁜 기운을 막아 주는 잡상 등 궁궐에는 각기 저마다의 의미와 상징을 지닌 많은 장식물들이 있어.

이것들을 통해 조상들의 지혜로움과 현명함을 느낄 수 있지.

이렇듯 조선의 궁궐은 우리를 역사 속으로 여행하게 해 줘. 궁궐을 돌아보면, 그곳에 깃든 조선의 500년 역사를 만날 수 있을 거야. 너무 오래전이라 지루하게 느껴질 수도 있지만, 그런 시간들은 현재 우리의 모습을 제대로 알 수 있게 해 주는 중요한 유산이란다. 과거의 시간 하나 하나가 모여 오늘의 우리가 되는 것이니 말이야.

조선의 궁궐에 대해 하나씩 알아간다면 그것은 과거의 흔적이 아니라 지금 너희와 같이 호흡하고 살아 있는 우리의 역사가 될 거야.

궁궐을 정리해 보자!

침전
왕과 왕비가 침실로 쓰던 방이 있는 건물이야. 경복궁에는 강녕전과 교태전, 창덕궁에는 희정당과 대조전, 창경궁에는 환경전과 통명전, 덕수궁에는 함녕전, 경희궁에는 융복전과 회상전이 침전에 속해. 그런데 덕수궁에는 왕비의 침전이 없었고, 경희궁의 침전은 지금은 볼 수가 없단다.

함녕전　　**통명전**　　**교태전**

정전
궁궐에서 가장 핵심이 되는 건물로, 왕이 신하들과 함께 조회를 하거나 즉위식이나 대례 등의 국가 행사를 치르던 공식적인 장소야. 경복궁에는 근정전, 창덕궁에는 인정전, 창경궁에는 명정전, 덕수궁에는 중화전, 경희궁에는 숭정전이 이에 해당하는 건물이야.

근정전　　**인정전**　　**명정전**

중화전　　**숭정전**

동궁(동궁전)
황태자 또는 왕세자들이 거처하는 건물을 말해. 궁궐 안 동쪽 부분에 위치해 있어서 이런 명칭이 붙었는데, 건물을 동쪽에 둔 이유는 태양이 동쪽에서 뜨는 것과 관련이 깊단다. 황태자, 왕세자는 다음의 황위나 왕위를 이어야 하는 인물이거든. 동궁이라는 말은 이들이 거처하는 궁 자체를 의미하기도 해. 동궁으로 쓰던 건물은 현재 경복궁의 자선당만 남아 있어.

자선당

건물에도 급이 있다고!
궁궐에는 여러 가지 건물이 있어. 모양도 크기도 각양각색이지. 그런데 이런 건물에도 등급이 있단다. 등급을 보고 건물을 관찰해 보면 더욱 재미있을 거야. 우선 가장 등급이 높은 건물에는 '전(殿)'자가 붙어 있어. 그 다음은 당(堂), 합(閤), 각(閣), 재(齋), 헌(軒), 루(樓), 정(亭)의 순으로 등급을 매길 수 있지. 특히, 근정전, 사정전, 숭정전 등에서처럼 '-전(殿)'자는 왕과 왕비가 쓰는 건물에만 붙일 수 있단다. 일반 서민들의 건물에는 '전'자를 붙일 수가 없었지.

편전
왕이 나랏일을 하던 사무 공간이라고 할 수 있는 곳이야. 경복궁에는 사정전, 창덕궁에는 선정전, 창경궁에는 문정전, 덕수궁에는 즉조당과 석어당, 경희궁에는 자정전이 편전에 속해. 그중 덕수궁의 편전으로 쓰이기도 했던 석어당은 궁궐의 일반 전각과 달리 단청이 없고 지붕에 잡상도 없지. 그래서 이름도 '전' 대신 '당'이 붙어 있어.

사정전　　**선정전**　　**문정전**

석어당　　**자정전**

궁궐의 정문
궁궐에는 정문이 각각의 이름을 갖고 서 있어. 경복궁에는 광화문, 창덕궁에는 돈화문, 창경궁에는 홍화문, 덕수궁에는 대한문, 경희궁에는 흥화문이 있지. 그런데 덕수궁의 정문 이름만 특이하게 가운데에 '화'자가 들어 있지 않아. 덕수궁의 정문은 원래 정남쪽의 인화문이었는데, 다시 지으면서 동쪽에 있던 대안문을 수리하고, 이름도 대한문으로 고쳐 정문으로 삼았기 때문이란다.

광화문　　**돈화문**　　**홍화문**

대한문　　**흥화문**